GUOJI JIESUAN YU MAOYI RONGZI ANLI FENXI

国际结算与贸易融资
案例分析

▶ 韩昭敏　编著

重庆大学出版社

图书在版编目(CIP)数据

国际结算与贸易融资案例分析／韩昭敏编著. -- 重
庆：重庆大学出版社，2021.5
ISBN 978-7-5689-2620-1

Ⅰ.①国… Ⅱ.①韩… Ⅲ.①国际结算—高等学校—
教材②国际贸易—融资—高等学校—教材 Ⅳ.
①F830.73②F831.6

中国版本图书馆 CIP 数据核字(2021)第 051924 号

国际结算与贸易融资案例分析

韩昭敏 编著

责任编辑:尚东亮 李 伟 版式设计:尚东亮
责任校对:刘志刚 责任印制:张 策

*

重庆大学出版社出版发行
出版人:饶帮华
社址:重庆市沙坪坝区大学城西路 21 号
邮编:401331
电话:(023)88617190 88617185(中小学)
传真:(023)88617186 88617166
网址:http://www.cqup.com.cn
邮箱:fxk@cqup.com.cn(营销中心)
全国新华书店经销
重庆荟文印务有限公司印刷

*

开本:787mm×1092mm 1/16 印张:7.75 字数:182千
2021 年 5 月第 1 版 2021 年 5 月第 1 次印刷
ISBN 978-7-5689-2620-1 定价:35.00 元

前言
PREFACE

  国与国之间由于经济、政治和文化往来而发生的债权债务需通过货币支付了结清算。由国际进出口贸易及其从属费用引起的货币收付称为国际贸易结算;由国际贸易以外的往来,如侨民汇款、劳务供应、出国旅游、利润转移、资金调拨、驻外机构费用等引起的货币收付,称为非贸易结算。尽管引起非贸易结算的国际交易类型众多,但因结算中不涉及国际运输,结算的风险和复杂程度较低,容易学习和掌握。相反在国际进出口贸易中,因涉及货物运输和国际保险,国际支付和结算难度较大,从而国际贸易结算成为国际结算学的重点。国际结算可以促进国际贸易交易,服务国际经济文化交流,促进国际金融一体化,繁荣世界经济;同时还可为本国创收和积累外汇,引进外资,合理使用外汇,输出资金向外投资,起到巩固本国货币汇率,提高本国对外支付能力的作用。

  国际结算是一门理论枯燥且实务性极强的课程,各种票据的运用、结算方式的选择、当事人在金融工具的使用和结算活动中的角色演变等知识点对学生来说陌生、乏味又晦涩难懂,如果不引入案例分析,理论教学难以让学生掌握相关知识点和当事人的各种角色和他们之间的关系。在教学中,笔者发现国际结算教材因篇幅有限,绝大多数无法提供足够的案例,编写一本适合高校师生及从业人员参考的教材成为笔者多年的愿望。另一方面,国际结算学中结算工具和各种商业单据均以英文表述,教学中必须以双语的方式讲授,这也增加了教学的难度。

  本书的编写立足于高校课程建设,参照高校国际结算教材的体系,分析汇票、汇款、托收、信用证、银行保函、国际保理和国际福费廷等国际贸易融资涉及的案例。案例大多来自真实事件,由易到难层层递进。本书最后一章改编了真实的法院判决书,为读者呈现生动的国际贸易纠纷,也为有志从事国际商法的同学提供参考。本书的内容既适合高校经管类专业在校师生又兼顾国际贸易和国际银行从业人员的需要。为了帮助读者理解案例内容,每章案例分析后添加了关键专业名词的解释,并对书中的英文短语和句子提供严谨、专业、准确的中文翻译。

  案例的编写得到了重庆银行国际部李在宁主任和西南政法大学陈咏梅教授的大力支持,特此感谢!

编　者

2020 年 12 月

目录
CONTENTS

第1章 票 据

案例 1 票汇结算导致的损失

当事人

汇票出票人:日本出口商 B

汇票承兑人:中国进口商开户银行 C 银行

汇票持票人:东京银行

案情

2019 年中国进口商 A 与日本出口商 B 签订一批进口照相器材产品的合同,金额为 5 亿日元,分 5 批交货,每批 1 亿日元,使用远期汇票付款。合同订立后,日本出口商按时发来第一批货物,同时开立了 5 张远期汇票,每张汇票金额为 1 亿日元。但中国进口商的开户银行 C 银行将 5 张汇票全部承兑并交给日本出口商。此后,日本出口商不再发货,同时将全部汇票转让给日本东京银行。汇票到期后,东京银行作为汇票的持票人要求 C 银行付款。该案导致中国进口商 A 遭受巨额损失。

分析

根据汇票的无因性和流通性,持票人东京银行对汇票的权利可超越其前手(日本出口商),在其买入汇票时没有责任和义务调查汇票产生的原因及其交易背景。而远期汇票在承兑后主债务人由出票人转为承兑人,承兑责任不可撤销,因此 C 银行成为汇票的主债务人后,使得汇票的身价提升、流通性增强,日本出口商 B 十分容易将此远期已承兑汇票贴现。中国进口商 A 和其开户银行因为没有考虑到汇票的流通性和无因性,草率地交出所有承兑汇票,导致了巨额损失。

案例 2 承兑汇票遭拒付

当事人

汇票出票人:中国出口商 A

汇票受票人与承兑人:印尼进口商 B

汇票持票人:C 银行

案情

中国出口商 A 公司与印尼 B 公司签订了一笔贸易合同。卖方 A 出具了一张期限为 3 个月、付款人为 B 公司的远期汇票作为要求买方付款的凭证,A 获得 B 承兑后将该汇票转让给了 C 银行。汇票到期后,C 银行要求进口商 B 付款遭到拒付,其理由是出口商 A 发运的货物质量不符合合同要求。三方当事人多次协商无果,于是 C 向法院起诉 A 和 B,要求其无条件支付汇票金额,并赔偿其延期付款的损失和有关费用。

分析

根据汇票的特性,受票人 B 在承兑汇票前有权拒绝接受汇票,但本案例中 B 已经承兑了汇票,表明其愿意接受出票人的指示承担汇票的付款责任。即使出口商 A 发出的货物质量与合同不相符合,进口商 B 也不能以此作为理由拒付,而应以出口商 A 未履行贸易合同为由起诉出口商 A。善意并支付了对价的持票人 C 银行在遭到拒付后有权对汇票的债务人行使追索权,其向法院起诉 A 和 B 的请求得到了法院的支持。

案例 3 票汇结算的弊端

当事人

汇票出票人:马来西亚某银行

汇票原持票人:中国出口商 A 公司(后托收背书转让给中国交通银行)

汇票第一被背书人(代收行 1):中国交通银行

汇票第二被背书人(代收行 2):德国某银行

案情

中国 A 公司向马来西亚 B 公司出口一批货物转运德国。马来西亚商人向当地银行购买了一张银行即期汇票寄给 A 公司作为货款,但该汇票的付款货币是欧元。A 公司将汇票托收背书给中国交通银行委托其收款,因中国交通银行不代垫头寸,收妥结汇及汇票的货币为欧元,还需等待中国交通银行将汇票背书转让给德国某银行,除了正常的邮程,加上各银行的合理工作时间,该笔货款在两个多月后才到达中国 A 公司。

分析

此案例说明,只有根据自身及本国的情况适当选择结算工具才能迅速地收到货款,避免资金积压。而该案例中 A 公司对结算工具货币的错误选择导致了即期汇票相当于变成了远期汇票,在一定程度上造成了资金积压的问题,不利于高效使用资金。

案例4 虚假汇票(一)

当事人

进口商:南非 M 公司
出口商:中国 X 公司
虚假汇票出票人:THE FIRST CITY BANK,LONDON
虚假汇票受票人:THE NATIONAL WESTMINSTER BANK,LONDON

案情

我国 X 出口公司在广交会上与一南非 M 公司签订一笔出口合同,合同金额为 150 万英镑,外商在广交会上递交以 THE FIRST CITY BANK,LONDON 为出票人,以 THE NATIONAL WESTMINSTER BANK,LONDON 为付款人的金额为 50 万英镑的银行即期汇票作为预付金,要求我国出口商在 5 天后将合同货物装运出口,余款在装运前以汇款方式补足。随后,我国出口公司将汇票交中国银行查询真伪,银行的意见是公司暂不发货,等国外受票行兑付到账后再发货。汇票查验期间,南非进口商一直催促我方发货,我方设法拖延并未发货。后来通过我国国内银行向国外付款行托收汇票时,被告知该汇票出票人 THE FIRST CITY BANK,LONDON 的签名是虚假的,受票行拒绝接受汇票命令。当我国出口公司欲向南非进口商质问汇票的真伪时,却多次联系未果。

分析

在国际交易中要有风险意识,在选择客户尤其是涉及大额交易时,一定要先考虑客户的资信。在合同洽谈时应尽可能确定代收行,选择历史较悠久、熟知国际惯例并信誉卓著的银行作为代收行。

如果收到汇票而不知晓汇票上记载的出票人、付款人详情的,应迅速行动致电该出票人或收款人,或出票人和收款人所在地的自设的分支机构,就汇票签发人和付款人的资信、规模、业务范围以及汇票的有关情况进行询问以判断汇票真伪。询问速度一定要快,并在询问前一定要告知持票人暂时等候,国际贸易中收到票据不等于收到现金,单纯一纸汇票,在无法确定其是否真实有效前,保证作用是很弱的,不要贸然以汇票为保证发运货物。收到汇票时,应就汇票的纸质、印刷、文字、记载项目等方面进行仔细检查。若出现纸质过厚过薄与常见汇票用纸不一致、印刷不清楚、文字有明显错排、记载项目前后自相矛盾或不符合汇票要求规定时,应引起注意,请有关部门协助检验,以免上当受骗。此外,还要着重查看选择性条款的记载是否自相矛盾。有些国家或者地区,如尼日利亚、印度尼西亚、中国香港地区及其他一些小国家是伪造汇票多发地区,常见的付款银行名称中往往包含"NIGERIA""INDONESIA""HONGKONG"等字样,收到这些伪造汇票多发地区寄来的汇票时尤其要当心。收到这类汇票时,除要严格按程序查询出票人或付款人外,还可以从以往案例中总结出经验来判断常见的欺诈手段:尼日利亚伪造汇票金额不大,且同时寄发各公司的汇票号码也完全相同,并在背面都印有"凭空运提单及票据办理托收";印度尼西亚伪造票据面额较大,且付款行多为不出名的小银行。许多业务人员对票据签发、流通转让方面的知识不了解也是造成诈骗分子得逞的重要原因之一。在不了解票据的情况下,以为收到票据就等于收妥货款,贸然发货,往往导致钱货两空。因此,应加强对银行结算人员和有关贸易业务人员的票据知识培训,帮助他们了解正常汇票的格式、记载项目、汇票的不同种类以及汇票伪造的常见形式,以及一旦怀疑是伪票后,该采取何种行动。

案例 5 虚假汇票(二)

当事人

中间商:中国香港地区 M 商人

出口商:中国 S 公司

虚假汇票出票人:美国新泽西州 FRIST FIDELITY BANK

虚假汇票受票人:哥斯达黎加 AMERICAN CREDIT AND INVENT CORP

案情

S 公司持两张从中国香港地区 M 商人那里得到的出口项下的汇票到国内某银行要求鉴别真伪。两张汇票的出票人为美国新泽西州 FRIST FIDELITY BANK,付款人为哥斯达黎加

AMERICAN CREDIT AND INVENT CORP,金额分别为 317 761.00 美元和 611 624.00 美元。两张汇票都有"PAY AGAINST THIS DEMAND DRAFT UPON MATURITY",并在"DATE OF ISSUE"(出票日)(凭即期汇票到期付款)下直接标明"DATE OF MATURITY"(到期日)与出票日相差 60 天。从票面看,两张汇票显然不符合银行汇票的特点,疑点很大。于是该行一边告诫公司不要急于向国外进口商发货,一边致电出票行查询。后美国新泽西州 FRIST FIDELITY BANK 回电,证实自己从未签发过上述两张汇票。

分析

这两张汇票存在诸多疑点,具体分析如下:

第一,两张汇票金额都很大,通过中国香港地区中间商牵头合作的我方出口商和国外进口商在对各自伙伴的资信、经营作风都不十分了解的情况下,通常是不会采用汇票方式办理结算的。国外进口商敢冒付款后货不到的风险委托银行开出两张大金额的汇票,这本身就有问题。其次,上述两张汇票在付款期限上自相矛盾。即期汇票(SIGHT OR DEMAND DRAFT)下,收款人提示汇票的当天即为汇票到期日,而两张汇票都有"PAYING AGAINST THIS DEMAND DRAFT UPON MATURITY"(即期汇票到期付款)这样的语句,且标明的到期日与出票日相差了 60 天,这是疑点之一。

第二,如果说这两张汇票是远期汇票,那么汇票上应注明"见票后固定时期付款"或"出票后固定时期付款"(PAY IN A CERTAIN PERIOD AFTER SIGHT OR PAY IN A CERTAIN PERIOD AFTER ISSUE)。而这两张汇票在右上方,"DATE OF ISSUE"的下面直接标出一个"DATE OF MATURITY",而无"AT...DAYS AFTER SIGHT PAY TO..."(见票后××天付款给××)或"AT...DAYS AFTER DATE OF THIS FIRST EXCHANGE PAY TO..."(出票后××天付款给××),这是疑点之二。

第三,两张汇票的出票人在美国,即付款项为美元,而付款人却在哥斯达黎加。美元的清算中心在纽约,世界各国发生的美元收付最终都要到纽约清算。既然美元汇票是由美国开出的,通常付款人所在的合理的地点也应在美国,这构成了两张汇票的疑点之三。

案例 6 汇票转让的有效性

当事人

汇票出票人:D 集团

汇票收款人:P 公司

汇票受票人:DE 银行

汇票第一被背书人:FE 公司

汇票第二被背书人：SE 公司

汇票第三被背书人：TE 公司

案情

2018 年 11 月 22 日，D 集团签发承兑汇票一份，面额为 30 万元，收款人为 P 公司，付款银行是 DE 银行，到期日为 2019 年 5 月 22 日。P 公司接受该汇票后，背书转让与 FE 公司，FE 公司背书后又将该汇票交于 SE 公司（未记载被背书人），SE 公司又将该汇票转让与 TE 公司（未背书，未记载被背书人）。2019 年 1 月 19 日，TE 公司持有的该票据不慎丢失。公安机关在侦查过程中发现，该汇票在丢失后由某物资公司背书转让至某果汁公司，公安机关于 2019 年 4 月 5 日将汇票追回，于同年 4 月 28 日将汇票返还原告。TE 公司委托收款时，DE 银行于 2019 年 6 月 1 日以此票有争议为由拒付。为此，TE 公司遂向法院起诉 DE 银行，要求 DE 银行支付汇票金额 30 万元及自汇票到期日至支付日的利息。

在本案审理过程中，关于原告是否为合法持票人，是否享有涉案票据权利，存在两种观点：

第一种观点认为，依据票据法的相关规定，汇票以背书转让或者以背书将一定的汇票权利授予他人行使时，必须记载被背书人名称；以背书转让的汇票，背书应当连续。持票人以背书的连续，证明其汇票权利。据此，我国并不承认空白背书的效力。被背书人名称是我国票据法上规定的背书绝对记载事项，一旦欠缺将导致背书无效，而对持票人来说则属于背书不连续，票据债务人可以此为抗辩事由。因此，本案 TE 公司不是涉案票据的合法持票人，应驳回其诉讼请求。

第二种观点认为，依据《最高人民法院关于审理票据纠纷案件若干问题的规定》第四十九条规定：“依照票据法第二十七条和第三十条的规定，背书人未记载被背书人名称即将票据交付他人的，持票人在票据被背书人栏内记载自己的名称与背书人记载具有同等法律效力。”因此，本案 TE 公司在涉案票据被背书人栏内记载自己公司名称后即为合法持票人，依法应支持其诉讼请求。

分析

本案的主要争议焦点为空白背书的效力认定问题，笔者同意第二种意见，理由如下：

《最高人民法院关于审理票据纠纷案件若干问题的规定》（以下简称《规定》）第四十九条规定：“依照票据法第二十七条和第三十条的规定，背书人未记载被背书人名称即将票据交付他人的，持票人在票据被背书人栏内记载自己的名称与背书人记载具有同等法律效力。”因为依票据外观解释原则来说，只要持票人所持票据从外观上符合背书连续性的要求，付款人就不能就此主张对票据的抗辩，而且票据付款人从票据的外观上根本就无法判断该被背书人名称是背书人记载还是被背书人自己记载，尤其在票据进行了多次背书后更是无法判断。所以，被背书人名称不论是由背书人或者被背书人记载，从形式上均为有效，持票人可以主张票据权利。因此，在我国，空白背书经过补记被背书人名称之后在形式上并不影响背书的连续性,但是若持票人或被背书人没有补记被背书人名称,则该票据不具有背书的连续性,票据债务人可以对此进行抗辩。

本案中,原告 TE 公司持有的票据虽然系由 SE 公司空白背书转让而来,但经过原告补记后,在票据形式上并不影响该票据背书的连续性,且原告 TE 公司与 SE 公司具有真实的基础交易关系,两者之间具有背书的实质连续性。因此,依据《规定》第四十九条的规定,原告系合法持票人,被告不能以空白背书无效为由拒绝付款,原告的诉讼请求应予支持。

案例 7　支票过期的处理

当事人

出票人:A 公司
受票行:B 银行
收款人:C 公司

案情

A 公司开立 100 英镑的支票给 C 公司,付款行是 B 银行,C 公司拿到支票后迟迟不去取款,不巧 B 银行后来倒闭,A 公司在 B 银行的账户里的存款得不到清偿。C 公司在未获支票款项的情况下,找到了 A 公司,要求其支付支票面额,A 公司以支票已过期为由拒绝付款,请问 A 公司的拒付合法吗?

分析

A 公司可以对 C 公司拒绝付款,但理由并不是因为支票过期。支票不同于即期汇票,即期汇票的持票人如不在合理的时间内向付款人提示付款,出票人和所有背书人均可解除责任。但支票的持票人如不在合理时间内提示付款,出票人仍必须对支票负责,除非因持票人的延迟提示而使出票人受了损失。

在本案例中,由于 C 公司的晚提示致使 A 公司受了损失。那么 A 公司就可免除对该支票承担责任,因为 C 公司如果及时去取款,A 公司就不会受到与支票款项相关联的损失,所以它可对支票不负责任。如果 B 银行倒闭清理时,所有债权人尚能分到一定比例的偿付金,那么 A 公司作为存户债权人应把所分到的偿付金按比例付还给 C 公司。如 A 公司按 30%的比例分到了偿付金,它应按同样的比例付给 C 公司,而对其余的 70%可不负责任。

附录　本章名词解释

票据:票据有广义和狭义之分。广义的票据是指商业上的权利凭证。狭义的票据则是指以支付金钱为目的的特种证券,是由出票人签名于票据上,无条件地约定由自己或由他人支付一定金额的、可以流通转让的证券。

汇票:汇票是由出票人向另一人签发的,要求其在即期、定期或在可以确定的未来时间,无条件向某人或其指定人或不记名持票人无条件支付一定金额的书面命令书。

(付)对价持票人:是指持票人自己或其前支付了对价而取得票据的当事人,(付)对价持票人自己不一定付过对价,所以未必是正当持票人。

正当持票人:是指在汇票流通的合理时间内,在自己付了对价的情况下,成为一张表面合格、完整,无任何所有权缺陷的汇票的持票人。正当持票人一定属于(付)对价持票人。

承兑人:是指在票据的正面签名并承诺到期支付票款的付款人,承兑人是汇票的主债务人。

背书人:是指在票据的背面签名将票据上的权利转让给他人的当事人。

承兑:是指受票人在票据的正面签署,承诺到期履行支付票款责任的票据行为。

背书:是指票据原持票人在票据背面签名将票据上的权利转让给他人的票据行为。

记名背书(特别背书):是指背书人将票据背书给某一特定人或特定人的指示人的背书,被背书人的姓名必须清晰出现在汇票背面的背书命令中,因此叫记名背书,也叫特别背书。

空白背书:是指背书人只在票据背后签名,而不注明付给某一特定人或特定人的指示人的背书。空白背书相当于来人抬头,持有人将拥有汇票载明的权利。

限制性背书:是指禁止票据流通性的背书,受让人只能自行使用汇票而无再次转让的权利。

托收背书:是指票据持有人将票据背书给商业银行,委托后者代收票款。托收背书并不改变汇票的所有者,被背书人只是代背书人收款而已,因此称为托收背书,托收背书实质上属于限制性背书。

贴现:是指银行或贴现公司买进未到期票据,从票面金额中扣取贴现日至到期日的利息后,将余额付给持票人的一种金融行为。

提示:是指持票人将票据出示并提交给票据义务人或关系人,要求承兑或付款的行为。在《中华人民共和国票据法》中,提示分提示承兑和提示付款两种。

拒付:也称退票,是指汇票在提示付款或提示承兑时遭到拒绝。值得注意的是,汇票的拒付行为不局限于付款人正式表示拒绝付款或拒绝承兑,在受票人或承兑人拒不见票、死亡、宣告破产或因违法被责令停止业务活动等情况下,使付款在事实上已不可能,也构成拒付。当未承兑受票人拒付或拒绝承兑时,持票人应向其前手或出票人行使其追索权,而不是以拒付为由起诉受票人。

追索权:是指票据遭到拒付,持票人对前手(出票人、承兑人、背书人以及其他债务人)有请求偿还票据金额(原额、利息)及费用(做成退票证书、拒绝证书和其他必要的费用)的权利。

拒绝证书:是指用以证明持票人曾经依法行使票据权利而被拒绝,或者无法行使票据权利的一种公证文书。持票人据此得以行使追索权利。为一种单纯的证书,只证明一种事实而不创设或表示任何权利。由有资格制作的机关制作。一经制作,其效力不因当事人的否认而失效,除非有相当证据证明之。

跟单汇票:国际结算中传递的汇票附随了货运单据的称为跟单汇票。

光票:国际结算中传递的汇票即使附带了商业单据,但不附带装运单据的汇票都被称为光票。

本票:本票是一人开给另一人的无条件书面承诺,保证见票在特定的,或肯定的某一日期,将一定金额的货币,付给某一特定人,或其指示人,或来人。

支票:支票是银行存款户向银行签发的,授权银行对某人或其指示人,或来人,即期支付一定金额的无条件书面支付命令。

票据贴现:是指票据持有人在票据到期前为获取现款而向银行贴付一定利息所作的票据转让。

银行承兑:是指银行在远期汇票上签署"承兑"字样,成为票据承兑人,使持票人能够凭此在公开市场转让贴现。

第 2 章　托收和汇款

案例 1　托收行与代收行的责任

当事人

托收行:R 银行

代收行:C 银行

案情

在一笔托收业务中,托收行 R 银行在托收指示中规定:"DOCS TO BE RELEASED ONLY AGAINST ACCEPTANCE" 以及 "PAYMENT ON DUE DATE TO BE GUARANTEED BY C BANK(代收行).TESTED TLX TO THIS EFFECT REQUIRED." 代收行 C 银行办理承兑交单后,向托收行 R 银行寄出承兑通知书,明确指出"THE BILL ACCEPTED BY DRAWEE",到期日为 2015 年 9 月 13 日。不久,当 R 银行查询有关承兑情况时,代收行复电再次告知"DOCS HAVE BEEN ACCEPTED BY DRAWEE TO MATURE ON 20150913"。在上述承兑通知书及查询答复中,代收行 C 银行均未表明担保付款,亦未发出承诺担保电传;托收行 R 银行亦未就此提出任何异议。承兑汇票到期后,进口商拒付货款,C 银行即向 R 银行发出拒付通知。R 银行认为托收指示中要求凭代收行到期付款的担保放单,而 C 银行已将单据放给付款人,因此要求立即付款。C 银行反驳道,交单的条件是承兑交单,根据国际商会第 522 号出版物托收指示规定,代收行并没有担保到期付款的责任。虽经多次交涉,此纠纷仍未得到解决。

分析

本案争论的焦点有:一是代收行是否完全执行了托收指示,二是代收行是否有权利要求代收行担保付款。托收 R 银行认为,根据国际法律一般原则,如代收行 C 银行做不到 R 银行所要求的担保付款,应该回复 R 银行;未征求 R 银行意见便放单给付款人,则是严重违反合同约定的行为,代收行 C 银行应对此负责。C 银行则强调,放单系根据《URC522》第 11 条承担责任,托收指示规定凭承兑放单,C 银行正是在付款人承兑后才放单的;托收指示要求代收行 C 银行担保,同时要求发送加押电证实,而事实上,C 银行并未发出这样的电传,在有关的承兑通知书及函电中也仅仅明确通知 R 银行付款人已承兑,R 银行一直未提出任何异议,C 银行因此认为自己不必承担任何担保责任。

代收行 C 银行的过失:根据国际商会第 522 号出版物关于托收指示的规定,如果代收行不能遵守指示,应当回复托收行,而代收行却未这样做,只是在托收行查询单据下落时才告知仅凭承兑放单。应该说,代收行在这一点上违反了《URC522》的规定。然而,并不能因此得出代收行应当承担责任的结论。

托收行 R 银行的过失:

首先,R 银行的指示不符合托收业务的基本原则,实际上改变了托收的性质。在托收中,银行作为接受客户委托的中间环节,只是为客户提供必要的服务,并不因此承担额外的风险。作为代收行,其义务无非是在进口商付款或承兑的情况下放单,强行赋予其担保客户付款的义务并不是银行业务中的通行做法。

其次,R 银行在寄单面函中不仅指示代收行 C 银行担保到期付款,而且要求 C 银行以加押电加以证实。尽管 C 银行并未明确通知托收行拒绝接受该指示,但也未按照 R 银行的要求以加押电形式告知 R 银行照此执行。C 银行对托收行发出的两项密切相关的指示均未作出反应,而其中的加押电证实一项是不能通过默示方法来完成的,将这两项要求结合起来看,托收行的指示是不能默示接受的。因此,不能仅凭 C 银行未作答复的事实,就简单认定 C 银行已接受了 R 银行关于担保到期付款的指示。

启示

承兑交单作为客户之间融通资金的一种便利手段在业务中经常会用到,因此,有的托收行就千方百计地要求代收行承担担保进口商付款的责任,以便将商业信用转化为银行信用。作为代收行,对此必须有足够的认识。如果发现托收行的指示难以做到,应当不迟延地通知托收行,以免产生不必要的纠纷。

案例 2 以银行为受票人引起的托收纠纷案

当事人

托收行:R 银行

代收行:C 银行

受票行:C 银行

案情

2018 年 6—8 月,国外 R 银行向我国 C 银行寄来了 4 套进口代收的单据,注明适用

《URC522》,总金额为 10 000 美元,条件为"见票 90 天承兑交单"(D/A At 90 Days Sight)。汇票的出票人为出口商,发票等其他单据的抬头为进口商,但托收面函及汇票上的受票人却写成了代收行 C 银行。

收到单据后,C 银行并未重视汇票受票人的问题,而是向进口商提示了单据。进口商在该商业汇票正面用中文写明"同意承兑,到期付款",并加盖该公司的公章和法人代表印章。C 银行即用 SWIFT 通知 R 银行:"Documents are accepted to mature on… on which payment will be effected."(单据已承兑,将于……付款)。

在单据陆续到期付款之前,进口商称根据买卖双方新的付款协议,付款期限将延长 60 天,请 C 银行向 R 银行提出延期付款。C 银行立即致电 R 银行:"The drawee requests to extend the bill to mature on…, Please approach the drawer for approval. Upon receipt of your return message of agreement, we'll give you a formal message of acceptance"(付款人请求将上述票据延期到……付款,请洽客户同意后,我方将给予正式的承兑电文)。R 银行回电答复为:"…Payment can be extended to… against your good bank undertake to effect payment on the new maturing date"(凭你行在新到期日的付款承诺,付款可以延期到……)。

C 银行遂致电寄单行,确认了新的付款到期日:"Docs are extended to mature on…, payment will be effected on the new maturing date."(单据已延期到……付款将在新的到期日执行)。

至新的到期日,进口商又一次提出延期付款,R 银行断然拒绝,要求立即付款。次年 1 月,进口商称上述 4 笔单据项下的货物一直未到达,经买卖双方协商,同意将单据全部退回,其余问题待双方协商解决。C 银行立即致电 R 银行,说明应进口商的请求已退回单据,并宣布关闭业务卷宗。

2019 年 2 月 24 日,C 银行又将 4 套单据退回 R 银行,R 银行称其已凭 C 银行的承兑向出口商做了贴现,要求 C 银行按照承诺立即付款。C 银行则称其并未承兑汇票,对汇票没有付款义务。

分析

1.根据国际商会对《URC522》所作的解释,"除非征得代收行/提示行的事先同意,委托人/寄单行不应将他们作为汇票的付款人"。出口商开出以代收行为付款人的商业汇票,企图收到承兑通知后,通过银行办理贴现。寄单行本应拒绝办理,但该寄单行却只考虑与客户的业务关系和自身的商业利益,遂接受了出口商的托收申请。

2.根据《URC522》的规定,代收行没有义务审核单据,但对于托收面函和汇票的内容还是应该仔细审阅,以"确保所收到的单据与托收指示中所列相符",并且向正确的付款人提示汇票和单据。本案中 C 银行如果认真负责,完全可以发现汇票和托收指示的不正常,及时发电询问,就会避免事后的纠纷。此外,在 C 银行致 R 银行传达进口商欲延期付款的电文中,竟然写出"我方将给予正式的承兑电文"这样的字句。R 银行在交涉中就抓住这段电文,强调 C 银行明确承兑了汇票,应该承担到期付款责任。R 银行在回复 C 银行同意延期付款的电文中称"凭你行在新到期日的付款承诺,付款可以延期到……"其用意就是企图借此电文进一步确认汇票是经 C 银行承兑而非客户承兑的。C 银行在收到此电文时,本可予以否认和反驳,可是由于代收行业务人员责任心不强,未发现问题的严重性。

本案经最终查实,托收单据中的航空运单是伪造的,根本没有货物进口。本案实际上是进出口双方以进出口商品为名,事先安排好以跟单托收的结算方式为工具,骗取融资的不法行为。

启示

1.商业银行在办理国际结算业务时应该遵守国际惯例,提高风险意识。寄单行不能单纯从自身的商业利益考虑,迁就出口商的不正常要求,应严格按照国际惯例办事。同时增加风险意识,要采取诸如融资贴现前要求代收行将承兑汇票寄回等措施,避免此类风险发生。

2.银行业务人员应增强责任感,提高业务水平。跟单托收属于商业信用,国际贸易中寄单行与代收行因托收业务发生纠纷和争议的情况是较少见的。但是,这并不是说跟单托收业务没有任何风险,一些不法商人可能利用托收进行融资和骗汇。如果代收行工作人员责任感强一些、业务水平高一些,堵住漏洞,就可以控制风险。

案例3 远期付款交单的弊端

当事人

中国出口商:X 公司
英国进口商:M 公司
中国托收行:R 银行
英国代收行:C 银行

案情

2018 年 2 月,我国 X 公司与英国 M 公司签订出口合同,支付方式为 D/P 180 Days After Sight。X 公司委托中国 R 银行将单据寄出后,直到 2018 年 11 月尚未收到款项。随后,R 银行应 X 公司要求指示英国 C 银行退单,之后却收到 C 银行回电称单据已凭进口商 M 公司承兑放单,虽经多方努力,但进口商 M 公司以种种理由不付款,进出口商之间交涉无果。R 银行一再强调是英国 C 银行错误放单造成出口商钱货损失,要求 C 银行付款,C 银行对中国 R 银行的催收拒不答复。次年 2 月,C 银行告知中国 R 银行进口商已宣布破产,并随附法院破产通知书,致使出口商钱货两空。

分析

D/P 远期（Documents against Payment after Sight，简称 D/P after sight）指进口商在汇票到期时付清货款后取得单据。D/P 远期一般做法是当托收单据到达代收行柜台后，代收行向进口商提示单据，进口商承兑汇票后，单据仍由代收行保存，直至到期日代收行才凭进口商付款释放单据，进口商凭以提货。D/P 远期理论上出口商可以通过控制单据来控制买方，货物在航程中要耽误一定时间，在单据到达代收行时可能货物尚未到港，且出口商对进口商资信不甚了解，不愿其凭承兑便获得单据。在实务中，可能出现货物早于预期日到达港口，因为汇票并未到期进口商不愿付款赎单，导致货物滞留码头产生高昂的费用和罚金，所以采用 D/P 远期也有弊端，如进口商因汇票未到期拿不到单据凭以提货，必然施压于出口商，导致双方重新商议交单条件，改变付款交单为承兑交单方式。

在实务中，进口商可以通过信托收据借单提货，在付款前提取货物从而获得资金融通。如果在托收委托书上写明"付款交单，凭信托收据借单提货"（D/P，T/R）字样，代收行都可以按照托收委托书的这一指示办理，但为此产生的风险应由出口商承担。如果出口商和托收行未曾在托收申请书和托收委托书上允许这一融资条件，而是代收行自己愿意为其本国进口商提供融资，同意进口商凭信托收据提货的话，则一切后果应由代收行自己负责。

但是在实际操作中有些国家不承认远期付款交单，一直将 D/P 远期作 D/A 处理。此时若出口商自认货权在握，不做相应风险防范，而进口商信誉欠佳，则极易造成钱货两空的被动局面。通常只有老练的贸易商才能很好地运用 D/P 远期，因为他们能准确地估计航程，使货物到达码头的日期与汇票的到期日重叠。本案例中付款的期限过长，很可能出现货物先到码头而付款未到期的情况，最终导致卖方无法收款。

启示

1. 做 D/P 远期，要有风险意识，在选择客户尤其是做大额交易时，一定要先考虑客户的资信，D/P 方式是建立在进口商信用基础上的，总的来说这种方式对出口商不利，风险较大并且随时都存在，不宜多用。为避免货物运回的运费或再处理货物的损失，可让进口商将相关款项作为预付定金付出，如有可能预付款项中可以包括出口商的利润。在提交托收申请书时，应尽可能仔细填制委托事项，不要似是而非，要根据进口商的资信情况和能力来确定是否接受信托收据的方式放货。

2. 要注意 D/P 远期在一些南美国家被视作 D/A，最好事先打听清楚，做到知己知彼。同时在合同洽谈时应尽可能确定代收行，尽可能选择那些历史较悠久、熟知国际惯例，同时又信誉卓著的银行作为代收行，以避免银行操作失误、信誉欠佳造成的风险。

3. 办理 D/P 远期托收业务时尽量不要使远期天数与航程时间间隔较长，造成进口商不能及时提货，一旦货物行情发生变化，易造成进口商拒不提货，则至少会造成出口商运回货物的费用或其他再处理货物的费用。

案例4　承兑交单方式下的欺诈行为

当事人

中国出口商:X 公司

印尼进口商:M 公司

案情

2018 年 5 月 1 日,我国 X 公司与印度尼西亚 M 公司签订一笔 10 万美元的出口合同,约定以 D/P at sight 为付款方式。

在货物装船起运后,M 公司要求 X 公司将提单上的托运人和收货人均注明为 M 公司,并将海运提单副本寄给它。货到目的港后,M 公司便以暂时货款不够等原因不付款赎单,要求 X 公司将付款方式改为 D/A,并允许该公司先提取货物,否则就拒收货物。由于提单的收货人已记名为 M 公司,使国内出口商无法将货物再转卖给其他客户,只能答应其要求。然后 M 公司以货物是自己的为由,以保函和营业执照复印件为依据向船公司凭副本海运提单办理提货手续。货物被提走转卖后,M 公司不但不按期向银行付款,而且再也无法联系,使 X 公司货、款两空。

分析

在本案例中,M 公司使用了一个连环套:D/P 见票即付—记名提单—D/A。该外商非常精通国际贸易中的各种规定和习惯做法并有着丰富的实践经验,并利用 X 公司对海运提单及托收付款方式不甚了解的弱点,引诱 X 公司进入其预先编织好的圈套,使 X 公司失去了对货物的控制权,从而达到其非法占有 X 公司货物的目的。

海运提单(Bill of Lading,或 B/L)简称提单,是指由船长或船公司或其代理人签发的,证明已收到特定货物,允诺将货物运至特定的目的地,并交付给收货人的凭证,也是收货人在目的港据以向船公司或其代理提取货物的凭证。在本案中,印度尼西亚 M 公司要求托运人和收货人均注明为 M 公司,这就使得该提单只能由 M 公司提货,不能用背书的方式转让给第三者,不能流通。该批货物即使有别的客户要也提不了货。而把托运人也写成 M 公司,则连要求船公司把货物退运给 X 公司都不可能了。只有提单上的托运人才是与承运船公司达成运输契约的契约方,船公司依合同向托运人负责,并按托运人的指示将货物交给收货人或正本提单的持有人,同时提单只有在托运人背书后才发生物权的转移,因此提单上的托运人应为国内出口商或其贸易代理,而不能是任何第三方,更不能是货物的进口商。

一旦货物的进口商成为海运提单的托运人,即意味着货物所有权的转移,同时出口商也失去了要求进口商必须付款的制约。本案例中,X公司徒有正本提单却已丧失了对货物的控制权。

托收的交单条件最常见的两种方式是付款交单(D/P)与承兑交单(D/A),它们都属于商业信用。按付款时间的不同,付款交单(D/P)又可分为即期付款交单和远期付款交单。即期付款交单(Documents against Payment at Sight,简称D/P at sight)是指出口人发货后开具即期汇票连同商业单据,通过银行向进口商提示,进口商见票后立即付款,在付清货款后向银行领取商业单据。本案例中,X公司以为持有正本提单,M公司会见票后立即付款,收汇有一定保证,没想到提单的托运人与收货人均为M公司,已受制于对方,只得接受D/A付款方式。

承兑交单(Documents against Acceptance,简写D/A)是指出口商的交单以进口商在汇票上承兑为条件。即出口商在装运货物后开具远期汇票,连同商业单据,通过银行向进口商提示,进口商承兑汇票后,代收银行即将商业单据交给进口商,在汇票到期时,进口方履行付款义务。由于承兑交单是出口商先交出商业单据,其收款的保障依赖进口商的信用,一旦进口商到期不付款,出口商便会遭到货物与货款全部落空的损失。因此,承兑交单比付款交单的风险更大,出口商对这种方式一般采取很慎重的态度。

托收的性质为商业信用。银行办理托收业务时,只是按委托人的指示办事,并不承担对付款人必然付款的义务。在本案例中,M公司在汇票到期后不向银行付款,银行不承担责任,而X公司对M公司的信誉又没把握好,风险只能由X公司自行承担。

启示

为了加强对外竞争能力和扩大出口,在出口业务中,针对不同商品、不同贸易对象和不同国家与地区的贸易习惯做法,适当采用托收方式是必要的,也是有利的。为了有效地利用托收方式,必须注意下列事项:

1.调查和考虑进口国和进口商的情况。了解进口国家的有关政策法令、贸易管制、外汇管制条例以及商业惯例,以免货到目的地后,由于不准进口或收不到外汇而造成损失。根据进口商的资信情况和经营作风,妥善掌握成交金额,不宜超过其信用额度。

2.把好合同签署关和单据制作关。出口合同应争取按CIF或CIP条件成交,由出口商办理货运保险,或投保出口信用险。在不采取CIF或CIP条件时,应投保卖方利益险。此外,应严格按照合同规定办理出口、制作单据,以免授人以柄,遭到拖延付款或拒付。

3.建立健全的管理制度,定期检查,及时催收清理,发现问题应迅速采取措施,以避免或减少可能发生的损失。

案例5 托收单据丢失后的责任

当事人

中国出口商:X公司
欧盟进口商:M公司
中国托收行:R银行
欧洲代收行:C银行

案情

X公司于2017年4月1日出口欧盟M公司果仁50吨,金额52 100美元,付款方式为D/P at sight。X公司于4月17日填写了托收委托书并交单至我国R银行,R银行于4月19日通过DHL邮寄到欧洲C银行代收。5月18日,X公司收到M公司邮件,称货物已到达港口,询问单据是否邮寄。X公司急忙联系托收行R银行,R银行提供了DHL号码,并传真了邮寄单留底联。X公司立即发送传真给M公司,并要求其立即联系C银行。第二天M公司回复C银行里没有此套单据。X公司非常着急,质疑托收行R行没有尽到责任。托收行于5月20日和5月25日两次向C银行发送加急电报。C银行于5月29日回电报声称"我行查无此单"。但C银行所在地的DHL提供了已经签收的底联,其上可以清楚看到签收日期和C银行印章。X公司传真给M公司并请转交代收行C银行,然而,C银行不再回复。M公司却于6月2日告知X公司,欧洲市场行情下跌,必须立即补办提单等单据,尽快提货,否则还会增加各种占港费等,后果将很严重。X公司只好于6月4日电汇400元至相关机构挂失FORMA证书,同时派人到商检局开始补办植物检疫证等多种证书。最难的是补提单,船公司要求X公司存大额保证金到指定账户(大约是出口发票额的2倍),存期12个月,然后才能签发新的提单。6月9日代收行C银行突然发送电报称"丢失单据已经找到,将正常托收"。尽管无论是X公司还是托收行R都感到如释重负,但此事件让X公司乱成一团,花费和损失已经超过本次出口预期利润。

分析

《托收统一规则》第4条明确规定,"与托收有关的银行,对由于任何通知、信件或单据在寄送途中发生延误和(或)失落所造成的一切后果,或对电报、电传、电子传送系统在传送中发生延误、残缺和其他错误,或对专门性术语在翻译上和解释上的错误,概不承担义务或责任。"由此可以断定托收行已经善意地履行了义务。那么代收行呢?《托收统一规则》第1条即提出

"银行应以善意和合理的谨慎行事"。签收的单据找不到了,又无《托收统一规则》第5条所规定的不可抗力来解脱责任,代收行明显地没有尽到谨慎义务,应该承担单据丢失的责任。

启示

目前我国出口贸易中采取D/P at sight成交的越来越多,它是出口商放弃L/C和进口商放弃T/T而互相博弈的最终结果,已成为很多公司首要的成交方式。问题是一旦发生了托收单据丢失如何迅速地解决问题和保障进出口当事人的利益?本案例带给我们如下启示:

1.要有风险意识,切不可放松麻痹。由于国际商场竞争激烈,出口商多重成交轻风险,往往忽视资信调查,甚至担心一旦客户知道调查其资信,会影响今后合作,这是不可取的。D/P at sights是商业信用,能否收到货款完全基于进口商的商业信用。在选择客户尤其是做大额交易时,一定要先考虑客户的资信。

2.慎重选择银行。业务实践经验表明,很多D/P业务风险的发生和代收行操作不规范或主观恶意有密切关系,因此要尽可能选择那些历史较悠久、熟知国际惯例,同时又信誉卓著的国际大银行作为代收行,这样才能有效地避免银行操作失误、信誉欠佳造成的风险。如客户提供了代收银行,出口商要调查其规模、历史和信誉,如果是新建私营小银行,就要提高警惕;如果出口商自己选择代收银行,就要听取我国银行的建议,选择知名的国际大银行。

3.精心设计交单时间和航程时间的间隔。要事先打听清楚D/P at sight在一些国家的特殊规定和习惯,做到知己知彼。例如欧洲国家的进口商习惯于货船到了才付款赎单。如果船一开,出口商就提交单据托收,单据到了代收行,客户又不赎单,单据只能"睡大觉",少则半月,多则一月多,这样单据丢失的概率就大大增加。有经验的业务员多根据航程长短来安排交单时间,一般是船到目的地前一周左右保证单据邮寄到代收行。

4.规范填写D/P托收申请书。业务人员应尽可能清楚完整地填写托收申请书的所有委托事项,不要似是而非。要对每一个条款理解准确、深刻,填写要细心、全面、严密、完整,其中的关键点是代收行的详细资料(名称、地址、SWIFT CODE、电话和传真等)。现实中,往往是发生了托收风险,业务人员才发觉托收申请书填写不正确,无法保障自己的利益,但已悔之晚矣。

案例6 因支付条件含糊引起的纠纷

当事人

中国出口商:X公司

美国进口商:M公司

中国托收行:R银行

美国代收行:C银行

案情

我国X公司于2018年3月10日与美国M公司签订一买卖合同,由X公司向M公司出口一批棉纱。合同的价格条款和付款条件如下:

"USD 500 per M/T CIF New York. Selected by the importer, payment shall be made when the documents or the ship or before the ship arrives at the port of discharge, but not later than 90 days after the drawing of the Bill of Lading."(每吨500美元,CIF纽约价。付款条件由进口商选,可于单据或船到时或船到港前支付货款,但不得迟于提单签发后90天。)

2018年4月20日,美国代收行C银行向进口商M公司提示装运单据,其中提单的日期是2018年3月20日。代收行在向M公司提示单据时另外附有一份信函,其内容如下:

"本批单据是以信托方式交于贵公司审查的。但是,只有在付款之后,贵公司才享有处理单据的权利。如果贵公司不能立即支付包括手续费在内的全部金额,请贵公司将托收单据直接退还我方,并告知退票理由。"

然而,M公司收到单据后并没有付款,而此时纽约正发生罢工事件,货物到达纽约后却无法卸货,只好被卸在附近的一个港口。2018年5月5日,M公司将单据转售给另一与本买卖合同无关的第三者,当后者提货时发现货物短缺。此后,代收行C银行试图从M公司处收回货款或追回单据,但均告失败。2018年5月20日,代收行C银行向法院起诉M公司,要求追回货款,并要求M公司赔偿因其违约而使其受到的损失。6月25日,法院判M公司败诉。该公司不服,于6月29日向法院上诉,理由如下:(1)C银行所提交的单据没有附托收通知;(2)C银行在没有从M公司取得货款前即交单,属于C银行违约在先;(3)因为船只没有抵达纽约,而且仍在提单签发后的90天内,所以付款尚未到期;(4)卖方短交货物,违反了买卖双方签订的买卖合同,属于违约在先,这一违约行为可以抵消进口商应付而未付的货款。

2018年7月14日,法院驳回被告的上诉,维持原判,理由如下:(1)C银行向M公司提示单据时后面附有一份信函,该信函视为托收通知;(2)C银行没有作出任何违约的行为,因为M公司违反了在C银行向其提示单据时本应支付货款而构成的契约行为,这属于M公司违约在先,而银行并未违反任何约定;(3)按买卖合同,付款虽未到期,但就本案例来看,因为M公司已于2018年5月5日将单据转售给他人,该事实说明被告已默认放弃根据合同的付款条件对卖方提出抗辩的权利;(4)卖方短交货物是否违反合同,这由买卖双方所签订的买卖合同来衡量,与C银行起诉被告无关,而C银行起诉被告是因为被告违反了其与银行之间的契约关系,两契约之间不具备可以相互替代的可能性。所以,M公司未付的货款不能被抵消。

分析

本案例出现纠纷主要源于两方面的原因。一是由于合同中付款条件规定不清,合同约定"付款条件由进口商选,可于单据或船到时或船到港前支付货款",没有明确是付款交单或承兑交单。二是代收行在处理业务时不当。代收行首先应该明确是付款交单还是承兑交单方式。如果是按付款交单,代收行就必须坚持在客户付款后才能交出单据;如果是按承兑交单处理,代收行必须在征得托收行及出口商同意后才能这样做,并在必要时将经进口商承兑的远期汇票退回托收行。本案例中,代收行本意是按付款交单来处理的,但是又在进口商付款之前交付了单据,从而给了进口商可乘之机。

启示

1.进出口双方在签订合同时,必须明确各相关条款,特别是付款条件。明确是采用汇款方式、托收方式还是信用证方式;如果是托收方式,须明确是采用即期付款交单、远期付款交单还是承兑交单,以便银行合理按照委托办理相关结算事宜。当然在具体签订合同时,出口商要考虑进口商的资信情况来合理选择付款方式。

2.对银行来说,处理业务应该是善意的并应谨慎从事。托收结算方式是建立在商业信用基础上的,因此无论是托收行还是代收行,风险往往是相对较小的。但是银行在处理业务的时候,应该以专业水平按照国际惯例来办理,避免不必要的纠纷,从而尽可能地保障客户和自己的利益。

案例 7 托收指示不清的后果

当事人

中国出口商:X 公司

英国进口商:M 公司

案情

X 公司出口一批农产品,其总价值共 100 000 美元。合同规定付款条件为:"The buyers shall duly accept the documentary draft drawn by the seller at 20 days sight upon fist presentation and make payment on its maturity. The shipping documents are to be delivered against acceptance."(汇票期限为见票后 20 天付款,买方应在代收行首次提示后承兑,并于到期日付款。)该公司依合同规定按时将货物装运完毕,有关人员将单据备齐,于 3 月 15 日向托收行办理 D/A 20 天到期的托收手续。4 月 25 日,买方 M 公司来电称,至今未收到有关该货的

托收单据。X公司经调查得知,是因单据及托收指示书上的付款人地址不详。5月15日接到代收行的拒付通知书。由于单据的延误致使M公司未能按时提取货物,货物因雨淋受潮,付款人故此拒绝承兑付款。

分析

本案例中,X公司由于单据及托收指示书上的付款人地址不详使损失惨重。托收业务中,委托人委托银行办理托收,须向托收行提交托收申请书;托收行委托代收行代收票款要签发托收指示书,代收行按照托收行在托收指示书中的指示行事。所以托收申请书和托收指示书的内容必须齐全、清楚。若因托收申请书指示有误或指示不完全、不明确等造成托收延误或损失将由委托人承担。若因托收指示书指示有误或指示不完全、不明确等造成托收延误或损失将由托收行承担。本案例中指示书提供的付款人地址不详,造成代收行无法向付款人承兑交单,使付款人不能及时提货造成的损失,代收行是不负任何责任的。此外,本案例中委托人3月15日向托收行办理D/A 20天到期的托收手续,一直到4月25日买方来电称未收到有关托收单据才发现问题,时隔41天,很显然委托人X公司在出口业务和应收账款管理上存在严重的问题。

启示

1.作为托收业务的委托人,出口商在制作单据和填写托收申请书时必须严格谨慎,保证内容完整、明确。这是顺利收取托收款项的基本前提。

2.作为托收行,尽管按照托收申请书来缮制托收指示书本身不存在过错。但是,从专业银行的角度出发,在接受托收申请时,应该严格为客户把关,及时发现问题并向客户提出。只有通过提供更专业和周到的服务来避免客户不必要的损失,银行才能赢得客户的信任。

3.作为出口商,必须建立严格的出口业务和应收账款管理制度。办理托收业务寄出单据后应及时与进口商沟通,使对方了解托收进度,以便及时发现问题。此外,还应及时了解应收账款到期和回收情况,发现问题应及时和银行及进口商沟通。

案例8　D/P远期付款方式运用的技巧

当事人

委托人:我国P公司

受票人:南美I公司

托收行:我国R银行

代收行:南美 C 银行

案情

2018 年 10 月 2 日,我国 P 公司同南美 I 公司签订合同,由 P 公司向 I 公司出口货物一批,双方商定采用跟单托收结算方式了结贸易项下款项的结算。我方的托收行是 R 银行,南美代收行是 C 银行,具体付款方式是 D/P 90 天。但是到了规定的付款日,对方毫无付款的动静。更有甚者,全部单据已由 I 公司承兑汇票后,由当地代收行 C 银行放单给 I 公司。于是 P 公司在 R 银行的配合下,聘请了当地较有声望的律师,向法院起诉代收行 C 银行因其将 D/P 远期作为 D/A 方式承兑放单的责任,当地法院以惯例为依据,主动请求我方撤诉,以调解方式解决该案例。经过双方多次谈判,该案终以双方互相让步而得以妥善解决。

分析

托收方式是一种以商业信用为基础的结算方式,这种结算方式显然对一方有利,对另一方不利。鉴于本案例中出口商面对的是个买方市场这一情况,作为出口商的我方想通过支付方式给予对方优惠来开拓市场、增加出口,这一做法本无可厚非,问题是在采用此种结算方式时,我们除了要了解客户的资信以外,还应掌握当地的习惯做法。

在这一案例中托收统一规则《URC522》与南美习惯做法是有抵触的。据《URC522》第 7 条 a 款:托收不应含有凭付款交付商业单据指示的远期汇票;b 款:如果托收含有远期付款的汇票,托收指示书应注明商业单据是凭承兑交付款人(D/A)还是凭付款交付款人(D/P),如果无此项注明,商业单据仅能凭付款交单,代收行对因迟交单据产生的任何后果不负责任;c 款:如果托收含有远期付款汇票,且托收指示书注明凭付款交付商业单据,则单据只能凭付款交付,代收行对于任何因迟交单据引起的后果不负任何责任。

从中不难看出,国际商会《URC522》,首先不主张使用 D/P 远期付款方式,但是没有把 D/P 远期从《URC522》中绝对排除。倘若使用该方式,根据《URC522》规则,C 银行必须在汇票到期日 I 公司付款后,才能将全套单据交付给 I 公司。故 C 银行在 I 公司承兑汇票后即行放单的做法是违背《URC522》规则的。

但从南美的习惯做法看,南美客商认为,托收方式既然是种对进口商有利的结算方式,就应体现其优越性。D/P 远期本意是出口商给进口商的资金融通。而现在的情况是货到南美后,若按 D/P 远期的做法,进口商既不能提货,又要承担因货压港而产生的滞迟费。若进口商想避免此种情况的发生,则必须提早付款从而提早提货,那么这 D/P 远期还有什么意义?故南美的做法是将所有的 D/P 远期均视作 D/A 对待。在此情况下,C 银行在 I 公司承兑后放单给 I 公司的做法也就顺理成章了。

启示

此案例给我们的启示是:在处理跟单托收业务时,原则上我们应严格遵守《URC522》。

托收行在其托收指示中应明确表明按《URC522》办理,这样若遇有当地习惯做法与《URC522》有抵触时,可按《URC522》办理。

当然我们在具体操作时,也应尊重当地的习惯做法。将来凡是货运南美地区的托收业务,我们可采用 D/P 即期或 D/A 的付款方式,避免使用 D/P 远期,以免引起不必要的纠纷。倘若非用 D/P 远期不可,则远期的掌握应该以从起运地到目的地运输所耗费的时间为准。

案例9 代收行态度的重要性

当事人

委托人:荷兰 P 公司

受票人:我国 I 公司

托收行:荷兰 R 银行

代收行:我国 C 银行

案情

2015 年 11 月,荷兰 R 银行通过国内 C 银行向 I 公司托收贷款,C 银行收到单据后,将远期汇票提示给付款人承兑。据受票人称,出票人荷兰 P 公司已告知,货物已抵达中国香港,必须承兑汇票后,出票人才肯交货。付款人为尽快取得货物,遂承兑了汇票。2016 年 1 月,C 银行收到已承兑的汇票后,遂对外发出承兑电,称"汇票业经付款人承兑,到期我行将按贵行指示付款"。

2016 年 5 月,汇票到期,C 银行要求付款人(I 公司)付款。I 公司称,由于未完全收到货物,不同意付款。C 银行就此电告 R 银行,付款人不同意付款。

几天后,R 银行回电称,在我行的托收指示中,我们要求贵行:(1)承兑交单(汇票期限为出票后 180 天);(2)承兑的汇票由贵行担保;(3)如果已承兑的汇票没有由贵行担保,请不要放单。贵行 2016 年 1 月来电通知,客户已承兑汇票,到期时,将按我行指示付款。因此,请贵行立即安排付款。

分析

C 银行收到 R 银行寄交的托收单据,必须按托收指示中的指示和国际商会 522 号出版物《托收统一规则》行事,对不能履行或不愿履行的指示,必须毫无延误地通知寄单行。国际商会 522 号出版物《托收统一规则》第一条 c 款规定:"无论出于何种原因,如果银行决定不办理它收到的托收或任何有关指示,它必须无延误地以电信或在不可能采用电信方式的情况下,以其他快捷的方式通知向其发出托收指示的一方"。C 银行收到 R 银行寄交的托收单据,既没有执行托收指示中的指示,又没有将不执行的决定及时通知寄单行,这种做法是不对的。

案例 10   代收行是否有权改变交单条件

当事人

托收委托人:天津 P 公司

汇票受票人:香港 M 公司

托收行:中国银行

代收行:汇丰银行

案情

天津 P 公司出售一批货给香港 M 公司,价格条件为 CIF 香港,付款条件为 D/P 见票 30 天付款,P 公司同意 M 公司指定汇丰银行为代收行。P 公司在合同规定的装船期限内将货装船,取得清洁提单,随即出具汇票,连同提单和商业发票等委托中国银行通过汇丰银行向 M 公司收取货款。5 天后,所装货物安全抵达香港,因当时该商品的行市看好,M 公司凭信托收据向汇丰银行借取提单,提取货物并将部分货物出售。不料,因到货过于集中,货物价格迅即下跌,M 公司以缺少保险单为由,在汇票到期后拒绝付款。

分析

P 公司应通过中国银行要求汇丰银行付款。因为汇丰银行在未经委托授权的情况下,自行允许 M 公司凭信托收据先行提货,这种不能收回货款的责任,应由代收行(汇丰银行)负责。

案例 11   托收结算中使用 FOB 价格条件的弊端(一)

当事人

委托人(出口商):P 公司

进口商:M 公司

案情

甲国的 P 公司出口机电设备给乙国的 M 公司。双方商定用 D/P 托收方式结算,价格条件是 FOB, M 公司负责船运和保险。M 公司安排的承运人与 P 公司以前没有业务关系。P 公司在装运货物后,把全套单据送银行托收,但货至乙国港口后,M 公司以货物包装不符合合同约定为由,表示货物不能接受,拒不付款。P 公司虽然控制货权,但是因为与船公司没有熟悉的业务关系,在处理货物的过程中耗费了很多时间和精力,并因此负担了货物滞留港口,市场价格变化等造成的经济损失。在托收结算中,FOB 价格条件合适吗? 在国际结算中,应该如何考虑价格条件和结算方式的配合?

分析

在国际贸易中,当事人应根据贸易条件的种类选择支付方式。不同的贸易条件,对支付方式的选择也是有影响的。在实际交货(Physical Delivery)条件下,如 EXW、DAF、DDP 等,是不宜采用托收方式的,因为在这类交易中,卖方向买方直接交货,若是做托收,卖方没有约束买方付款的货权,这样的托收实质是一笔货到付款的方式。而对于推定交货(Constructive Delivery)条件,如 CIF、CFR 由于卖方可通过单据控制货权,就可以采用托收方式支付。但在 FOB 条件下,虽然买方也是凭单付款,但由于买方安排运输,货物装在买方指定的船上,出口商处理货物的主动权会受到很大影响,也是不宜使用托收方式的。

启示

因为托收是一种商业信用的结算方式,出口商承担着进口商能否付款的信用风险,并没有银行付款的保证,所以在托收结算方式下,出口商应该尽量用 CIF 价格条件,争取自行安排运输,自办保险,掌握主动。

案例 12 托收结算中使用 FOB 价格结算的弊端(二)

当事人

出口商:X 公司
进口商:M 公司

案情

甲国的 X 公司出口货物给乙国的 M 公司。双方商定用 D/P 托收方式结算,价格条件是 FOB, 买方负责船运和保险。M 公司安排的保险公司与 X 公司以前没有业务关系。X 公司在装运货物后,把全套单据送银行托收。但是,货物在海运过程中遭遇事故,货物质量严重受损。货至乙国港口后,M 公司表示货物不能接受,拒不付款。X 公司向保险公司索赔。但是保单在 M 公司手中,X 公司处于被动地位。并且 X 公司与保险公司没有熟悉的业务关系,在理赔的过程中耗费了很多时间和精力,经济损失较大。在托收结算中,FOB 价格条件合适吗? 在国际结算中,应该如何考虑价格条件和结算方式的配合?

分析

在 FOB 条件下,虽然买方也是凭单付款,但由于买方安排保险,卖方对投保情况不甚了解。货物一旦发生损失需要保险理赔时,出口商可能才发现进口商尚未投保,致使出口商应收货款全部落空;即使进口商确已投保,保单在进口商手中,出口商索赔的主动权也会受到很大影响。因此不宜使用托收方式。

启示

因为托收是一种商业信用的结算方式,出口商承担着进口商能否付款的信用风险,并没有银行付款的保证,所以在托收结算方式下,出口商应该尽量用 CIF 价格条件,争取自行安排运输,自办保险,掌握主动。

附录　本章名词解释

顺汇:是指结算过程中资金的流向与结算工具的传递方向相同,通常是债务人使用一定方式主动将款项支付给债权人。

逆汇:是指结算过程中资金的流向与单据的传递方向相反,债权人签发结算工具,主动委托第三者(一般是债权人所在地银行),向国外债务人收取款项。

电汇:汇出行应汇款人的申请,用加押电报、电传或 SWLFT 等方式发送支付委托书,指示汇入行(国外联行或代理行)解付一定数额款项给指定收款人的一种汇款方式。

信汇:汇出行应汇款人的申请,将信汇委托书或支付委托书邮寄给汇入行,授权汇入行(国外申请或代理行)解付一定数额款项给指定收款人的一种汇款方式。

票汇:汇出行应汇款人的申请,开出一张有指定解付行的银行即期汇票给汇款人,汇票由汇款人或收款人携带至国外,由收款人向国外受票行(即解付行)提示获得付款,这种以银行即期汇票作为结算工具的支付方式称为票汇。

退汇:在汇款解付之前,由汇款人或收款人要求撤销该笔汇款的行为。

预付货款:进口商将货款的一部分或全部支付给进口商,出口商收到货款后再发货,这是汇款方式在国际贸易结算中的实际运用。

货到付款：出口商先发货，待进口商收到货物后，立即或在一定时间内将货款汇交出口商，这是汇款方式在国际贸易结算中的实际运用。

售定：又称"先出后结"，是一种延付货款的结算方式。出口商在货物装运出口后，不通过银行，直接将货运单据递交进口商，进口商收到货运单据时，或其后一定时期内，按售定的价格，将货款通过银行汇付出口商。

寄售：亦称委托交易，是指出口方先将货物运到国外，委托国外商人按照事先规定的条件代为出售，代理人扣除佣金后将销售收入汇交出口商。

托收：债权人（出口商）为向债务人（进口商）收取款项，出具汇票（债权凭证）委托银行代为收款的一种支付方式。

光票托收：委托人将票据和托收申请书提交托收行委托其向国外债务人或进口商收款的结算方式，因为汇票在传递过程中不附带货运单据，所以被称为光票托收。

跟单托收：委托人提交托收行代收的凭证不仅有金融单据，而且还附带了代表装运货物的货运单据及其他商业单据的托收方式。

付款交单：指受委托处理代收业务的代收行，必须在付款人（进口商）付清票款以后，才能交付货运单据的一种方式。

即期付款交单：指由出口商开具即期汇票，通过代收银行向进口商提示，进口商见票即须付款，才能取得货运单据的一种结算方式。

远期付款交单：指出口商开具远期汇票，通过代收银行向进口商提示，由进口商见票后，先办承兑手续，于汇票到期时付款后取单的一种结算方式。

承兑交单：指被委托的代收银行在付款人承兑汇票以后，就将货运单据交付给付款人，而承兑人（付款人）在汇票到期时履行其付款义务的一种结算方式。

托收出口押汇：指出口商办理跟单托收时，可以汇票和货运单据作为质押品，向当地托收银行申请贷款，托收行根据出口商的资信、经营作风，可以酌情支付一定比例的、甚至全部的票款，扣去利息将净款付给出口商，然后把跟单汇票寄给进口地的代收行，委托其代收票款，待收妥票款后收回货款。

第3章 信用证

案例 1 信用证指示不明确引发的争议

当事人

开证行:欧洲 I 银行

议付行:X 国 N 银行

案情

欧洲 I 银行开立一张不可撤销议付信用证,该信用证要求受益人提供"Certificate of Origin:E.E.C.Countries"。该证经通知行通知后,在信用证规定的时间内受益人交来了全套单据。在受益人交来的单据中,商业发票上关于产地描述为"Country of Origin:UK",产地证则表明"Country of Origin:E.E.C.Countries"。

议付行 X 国 N 银行审核受益人提交的全套单据后认为,单单、单证完全一致,于是该行对受益人付款,同时向开证行索汇。

开证行在收到议付行交来的全套单据后,认为单单、单证不符:

1.发票上产地一栏标明:UK,而信用证要求为 E.E.C.Countries。

2.产地证上产地一栏标明 E.E.C.Countries,与发票产地标明 UK 不符。

开证行 I 银行明确表明拒付,并且保留单据听候处理。

收到开证行拒付通知后,议付行 N 银行据理力争:信用证对于发票并未要求提供产地证明,况且发票上的产地与产地证一致。故议付行 N 银行认为不能接受拒付,要求 I 银行立即付款。

分析

该案的争议源于信用证条款的不完整、不明确,在开证行开列的信用证中,开证行对产地的要求为 E.E.C.Countries,而并未具体要求哪一国。在此情况下,受益人提供的单据中涉及产地一栏时,既可笼统表示为欧共体国家,也可具体指明某一特定国家(只要该国是欧共体成员国即可)。倘若开证行认为不符合其规定,它应在开证时将产地国予以明确表示。

《UCP600》规定:开立信用证的指示,信用证本身,修改信用证的指示以及修改书本身必须完整、明确。既然开证行开立的信用证指示不明确,它就应自己承受此后果。故在此案例中开证行的拒付是不成立的。

启示

1.开证行在开立信用证时指示必须完整、明确,如果指示模棱两可,导致的错误和恶劣后果将由开证行承担。

2.议付行在收到不明确、不完整的指示时,应及时与开证行联系,以免造成不必要的纠纷。

3.受益人必须严格按照信用证条款行事,提交单据时严格按信用证要求,对于非信用证所要求的切勿画蛇添足。尽管商业发票中显示产地是许多国家的习惯做法,但在本案例中为避免麻烦,商业发票中不必显示产地 UK。

案例 2　保兑行的责任

当事人

开证行:I 银行

通知行、保兑行:C 银行

受益人:B 公司

案情

I 银行开立一张以 B 公司为受益人的不可撤销信用证,并且要求通知行 C 加具保兑。C 银行对信用证加保后通知了 B 公司,在信用证到期日两天之前,B 公司将全套单据交 C 银行议付。C 银行发现全套单据有两处不符:其一是提单抬头做成了托运人抬头并空白背书,而信用证的要求是提单做成买方抬头;其二是信用证超支 USD5 000.00。考虑到信用证即将到期,C 银行立即将此情况通知受益人 B 公司,B 公司要求 C 银行立即电传开证行 I 银行要求其授权付款。开证行在接到 C 银行的电文后与其开证申请人协商,在后者的同意下,I 银行授权 C 银行议付提示的单据。

在 I 银行电告 C 银行对不符单据付款后,I 银行国内的政局开始动荡,政变使政府行将倒台,结果使 I 银行营业中断。有鉴于此,C 银行通知 B 公司:尽管它已收到 I 银行同意对不符单据付款的指示,C 银行不准备照办,因为 I 银行的资金账户已被冻结。如果 C 银行对 B 公司付款,它将无处取得偿付。

受益人 B 公司认为 C 银行已对该证进行了保兑,根据《UCP600》的规定,在未征得受益人同意的情况下,该行不得撤销保兑,故 C 银行必须付款。而 C 银行则认为:保兑只是在提交单单、单证严格一致的情况下有效。鉴于受益人 B 公司提供的单据已有两处不符,故该保兑已自动终止。

受益人 B 公司则认为:C 银行既然已无条件同意与 I 银行联系,要求后者授权对提示的不符单据付款,这一行为已经构成 C 银行同意付款的承诺。因此,受益人 B 公司要求 C 行支付信用证的全部款项,外加 I 银行同意付款之日起至 C 银行实际付款之日间的利息,以及处理这一事件过程中的一切费用支出。

分析

此案涉及的是保兑行的保兑责任问题。《UCP600》第 8 条规定:另一家银行(保兑行)经开证行授权或应其请求对不可撤销信用证加以保兑,即构成开证行以外的保兑行的确定责任,但以向保兑行或被指定的银行提交规定的单据并符合信用证条款为条件。《UCP600》第 10 条 b 款规定:开证行自发出修改书之日起,即对该修改书负有不可撤销的义务,保兑行可将其保兑扩大至修改书,并自通知该修改书之日起负有不可撤销的义务。但是,保兑行可以选择不扩大其保兑而将修改书通知受益人,如果保兑行这样做,它必须不延误地将此情况通知开证行及受益人。

《UCP600》第 8 条论述了保兑行的责任,如果一张信用证除了开证行的付款保证之外,还有另一家银行作了付款保证,那么这个信用证就是保兑信用证。信用证加以保兑后,即构成保兑行在开证行承诺以外的确认承诺,对受益人承担必须付款或议付的责任。保兑行不是以开证行的代理身份,而是以独立的“本人”身份,对受益人独立负责,并对受益人承担首要付款责任,受益人不必先向开证行要求付款,遭到拒绝后再找保兑行。在首要付款责任这一点上,保兑行对于开证行的关系,正好相当于开证行对进口商的关系。保兑行有必须议付或代付之责,在已经议付和代付后,不论开证行倒闭或无理拒付(正如申请人是否倒闭,在受益人相符交单后开证行都必须履行其对受益人的付款责任),都不能向受益人追索,它的责任同开证行的责任相同。保兑行对信用证加保兑后,它担负的责任相当于其本身开证,不论开证行发生什么变化,它不能单方面撤销其保兑。

联系此案,C 银行作为保兑行即负担起与 I 行的同等责任,但 C 银行的保兑责任仅限于 B 公司提交符合信用证要求的单据。鉴于 B 公司提交的单据不符合信用证要求,可以认为 C 银行的保兑责任就此终止。但案例的焦点是 C 银行无条件地同意请求 I 银行授权其对不符单据议付,这事实上等于是 C 银行请求 I 银行修改信用证,而 I 银行同意授权付款则意味着该修改成立,那么 C 银行自然而然地将其保兑之责扩展到了修改。所以 C 银行应该对受益人 B 公司付款。

其实,根据《UCP600》的规定,保兑行可以接受修改,也可以拒绝修改,若拒绝修改的话,保兑责任只对原证有效而绝不扩展至新证。在此案中,作为保兑行的 C 银行完全可以采取自我保护的做法。那就是它可以替受益人与开证行接洽要求其授权对不符单据议付,但同时声明其保兑责任就此终止。它也可以通知受益人直接与开证申请人联系,要求申请人说服开证行接受单据并指示议付行付款。

案例 3 不符单据的处理

当事人

开证行:I 银行

通知行、保兑行:C 银行

受益人:B 公司

开证申请人:A 公司

案情

某日,I 银行开立一张不可撤销保兑信用证,该证的保兑行与通知行均为 C 银行。受益人在接到 C 银行通知后,即刻备货装运,且将全套单据送 C 银行议付。C 银行审核单据后,发现有两处不符:其一是迟装,其二是单据晚提示。于是 C 银行与受益人 B 公司电话联系,征求其意见。受益人 B 公司要求 C 银行将单据寄 I 银行并授权议付。

收到 C 银行寄来的不符单据,I 银行认为其不能接受不符点,并且将此情况通知了开证申请人 A 公司。A 公司也认为单据严重不符,拒绝付款。于是 I 银行电告 C 银行由于货物迟装运以及单据晚提示,该信用证项下的款项已被拒付。

C 银行收到 I 银行电传即转告 B 公司,B 公司要求 C 银行电告 I 银行单据交由 C 银行掌握并等待 B 公司的进一步指示。遵 B 公司指示,C 银行即电告 I 银行上述内容。

收到 C 银行要求单据交由其掌握,听候 B 公司进一步指示的电传后,I 银行与 A 公司取得了联系。由于 A 公司迫切希望得到这批货物,随即指示 I 银行付款。于是 I 银行电传 C 银行称:"贵行要求单据交由你方掌握,进一步听候受益人指示的电传已收到,经进一步与申请人 A 公司联系,它已同意接受不符的单据,并且授权付款,请即对受益人 B 公司付款,并借记我行在贵行开立的账户。"

收到银行电传指示,C 银行打电话通知受益人 B 公司。B 公司认为它们不能接受。因为在得到 A 公司拒付的消息后,货物市价突然上涨,B 公司已将货物以更高的价格转卖给了另一买主。况且在对方拒付后,他们毫不延迟地作出决定:单据交由 C 行掌握,听候处理。得此信息后,C 银行给 I 银行发了一则电传:"由于贵行拒绝接受我方的不符单据,在此情况下,受益人 B 公司已将货物转卖给他人。因此,B 公司不能接受你方在拒绝不符单据后再次接受该单据的做法。此外,据受益人称,申请人已掌握了代表货物所有权的正本提单。我们认为未经我方许可,你方擅自放单的做法严重违反《UCP600》的规定。"

I 银行电告 C 银行称其与申请人关系极好,该行的放单纯粹是为了有利于争端的解决。I 银行认为由于收益人提供的单据与信用证严重不符,据其估计该笔业务只能以跟单托收的方法进行。既然申请人随后接受了单据并且支付了货款,I 行在此情况下将提单背书给买方,即将货物所有权转至买方,故 I 行也无须再将全套单据退 C 行掌握。

分析

此案中开证行 I 银行的做法显然严重违反了《UCP600》的规定,根据《UCP600》的规定:(1)如果开证行及/或保兑行(如已保兑)或代表他们的被指定银行决定拒收单据,则其必须在不迟于自收到单据之日起第 5 个银行营业日结束前,不延误地以电讯,如不可能则以其他快捷方式发出通知。该通知应发至从其处收到单据的银行,如直接从受益人处收到单据,则将通知发至受益人。(2)通知必须叙明原因及被拒收单据的所有不符点,并必须说明银行是否留存单据听候处理,或已将单据退还交单人。开证行及/或保兑行(如已保兑)未能按本条规定办理,及/或未能留存单据等待处理或将单据退还交单人,开证行及/或保兑行(如已保兑)则无权宣称单据不符合信用证条款。

由于受益人提供的单据存有严重不符,在此情况下开证行拒绝付款本无可厚非,但错就错在各方尚未对此事达成协议前,I 银行将此单据放给了申请人,这就严重违反了规定。C 银行既未指示也未提示按托收办理,无论如何 I 银行不能随意地将此业务改为托收,这样做会使人误以为该项业务已受《URC522》的约束而非《UCP600》,随之而来的是受益人的权利得不到 UCP 的保护。很显然 I 银行的正确做法是接受不符单据或保留单据听候处理。

案例4 可转让信用证是否可以再转让

当事人

开证行:I 银行
通知行、转让行:T 银行
第一受益人:F 公司
第二受益人:S 公司

案情

I 银行开立一张不可撤销可转让跟单信用证,以 F 公司作为第一受益人,T 银行为该证的通知行。在 T 银行将该证通知 F 公司后,F 公司指示 T 银行将此证转让给 S 公司,该转证的到期日比原证早 1 个月。第二受益人 S 公司接受转证后,对于转证的一些条款与第一受益人 F 公司产生了分歧。双方经过多次协商,终未达成协议。而此时,该转证已过期。于是 F 公司请求 T 银行将已过期未使用的转证恢复到原证。鉴于原证到期日尚有 1 个月,F 公司要求 T 银行将恢复到原证的金额再转让给新的第二受益人 N 公司。T 银行认为它们不能同意 F 公司的请求,因为将该证转让给 N 公司构成了信用证的第二次转让,而这正违反了《UCP600》第 38 条的规定。况且,T 银行未从第二受益人 S 公司处收到任何货物未出运,转证未被使用或者同意撤销转证之类的信息。

分析

T 银行在认识上存有误区,将未经使用过的转证再次转让给另一新的第二受益人不能被视作为二次转让。《UCP600》第 38 条规定:除非信用证另有规定,可转让信用证只能转让一次,因此,该信用证不能按第二受益人要求转让给随后的第三受益人。根据此条文意,由第一受益人作出的再次转让并不构成二次转让,而视为一次同时转让给多个受益人的情形,所以本案例中的转让并非为《UCP600》所禁止。在此案中,既然第二受益人 S 公司并未接受转证,第一受益人 F 公司当然可以自主将该证转让。

当然 T 银行也并未有义务接受 F 公司再次转让的指示。《UCP600》第 38 条还规定:除非转让范围和方式已为转让行明确同意,转让行并无办理该转让的义务。倘若 T 银行同意将该证转让给 N 公司,比较谨慎的做法是:它从 F 公司处获取一份书面指示同意撤销未用的转证,同时退回转证通知。那么转让行 T 能否在未收到第二受益人 S 公司明确表明撤销转证的情况下,接受第一受益人 F 公司将未用转证转至新的第二受益人 N 公司的单方面指示呢? 关于这点《UCP600》并未作出任何规定,这完全取决于银行与各方的关系。

案例 5　如何理解短装

当事人

开证行:I 银行
通知行、第一议付行:A 银行
第二议付行:N 银行
受益人:B 公司

案情

某日,I 银行开立一张以 B 公司为受益人的不可撤销信用证,信用证的通知行为 A 银行。该信用证对货物的装运描述如下:装运矿砂 400 吨,分 4 批出运,4—7 月每月运 100 吨。

收到信用证通知后,受益人 B 公司于 4 月 5 日出运 100 吨矿砂,5 月 13 日出运矿砂 97 吨。前两批货物出运后,B 公司按时将全套单据送交通知行 A 银行议付,并很快得到了货款。

6 月 21 日,受益人再次出运货物 100 吨,由于该证是公开议付信用证,受益人 B 公司此次将全套单据交由 N 银行议付。N 银行审核单据后认为单单、单证相符,于是向 B 公司付款,同时将单据寄给 I 银行索偿。

I 银行审单后认为不能偿付 N 银行,因为 I 银行认为 B 公司在第二批装运时短装,所以第三批装运即告失效。

N 银行认为不能接受 I 银行的拒付理由,坚持要求 I 银行偿付,并外加延期支付的利息。

分析

《UCP600》第 32 条规定:如信用证规定在指定的日期内分期支付及/或分期装运,而任何一期未按期支款及/或按期装运时,除非信用证另有规定,信用证对该期及以后各期均告失效。该条阐述分期装运和分期支款的掌握问题,在信用证上规定受益人分期装运货物的时间,则受益人应严格遵守,不得违反,否则信用证即失去效用。但一个复杂的问题是,在按期装运时短装怎么办? 在国际商会的银行委员会上,有人曾就此问题提出咨询,该委员会做出如下解释:除非当事人在信用证上另有说明,否则信用证对在指定的分期装运期限内的短装失效。而且除非信用证允许分期装运中可以只装运一部分,那么不管信用证是否允许在各装期中可以分批装运,信用证对已装部分以后的分期装运均告失效。该意见可解释为当分批装运的一部分在规定期装出,只要信用证未禁止分批装运,信用证对这一期中已装部分生效,而对这期中未能按期装运的剩余部分失效,对该期以后的各期也宣告失效。

从表面上看,该案似乎是属于分批装运的一部分在规定期内装出,已装部分生效,而未装部分及以后各期失效,I 银行也正是以此为理由来拒绝 N 行的。但事实上,第二期装运不存在短装。根据《UCP600》第 30 条 c 款:除非信用证规定所列的货物数量不得增减,在支取金额不超过信用证金额的条件下,即使不准分批装运,货物数量亦允许有 5% 的增减幅度,但信用证规定货物数量按包装单位或个数计数时,此项增减幅度则不适用。简单地说,此条规定允许散装货数量有 5% 的增减幅度,由于该证装运的货物属散装货,故允许有 5% 的伸缩,而 97 吨正是在 5% 的范围内,因此,第二批装运不能被看作分期装运,故 I 银行的拒付不成立。

案例 6　可转让信用证中的特殊条款

当事人

开证行:I 银行

转让行、议付行:T 银行

第二受益人:中国香港 B 公司

案情

中国香港 B 公司收到了一张经加保兑并限制其议付的转让信用证。信用证在特殊条款一栏中写明:"本证可以转让。如果发生转让,转让行必须在转让当天将全部转让细节用航邮通知开证行,并提交正式转让的转让人证明。"中国香港 B 公司在信用证规定的装期内装毕货物,且在有效期内将全套单据交议付行 T 银行议付。T 银行议付后将全套单据寄开证行 I 银行索偿。开证行 I 收到单据后以未提供转让人证明、未用航邮形式将转让细节通知开证行为由拒绝付款。议付行 T 银行则认为提供转让人证明书毫无意义,以航邮通知开证行转让细节实际上泄露了贸易秘密,故认为开证行 I 银行的拒付是故意刁难。

分析

此案中由于信用证明确规定需提交一张转让人证明,以证明此转让是必需的,同时在转让当天将全部转让细节用航邮通知开证行。事实上,这样的信用证条款不尽合理,转让信用证的功能之一是使中间人对其委托人隐瞒实际供货人的信息,将细节通知开证行不是商业或银行的习惯做法。另外,将转让的授权取决于提交一张转让人证明,以证明转让是必需的做法很不正常。但是,如果该规定写入信用证,那它必须理所当然地被遵守。一旦没提交该证明,该证就不能作为可转让信用证使用,因而开证行将有权拒接在已被转让的信用证下提交的单据,尽管这样的拒收单据可以被解释为是不善意的。

启示

如果在信用证内规定了某种单据,受益人就必须提交该单据,尽管它对任何人都没有意义;如果信用证要求将某事项通知开证行,则必须照办,尽管有悖常理。对于受益人和转让行来说,应对它们显然不理解或不知其用途的规定提出质询,如果无法做到则应尽可能取消此类条款。

案例 7 受益人可否部分修改信用证

当事人

申请人:A 公司

受益人:B 公司

开证行:I 银行

通知行、议付行:N 银行

案情

进口商 A 公司与出口商 B 公司签订贸易合同,双方约定采用信用证方式结算。于是,A 公司委托当地银行 I 银行开出不可撤销信用证一份,其受益人为 B 公司,开证申请人为 A 公司,议付行则为 N 银行。信用证的有效期为 2019 年 5 月 30 日,货物的装运期为 2019 年 5 月 15 日。

2019 年 4 月,进口商 A 公司通过 I 银行发来修改电一份,要求货物分两批分别于 5 月 15 日、30 日出运,信用证的有效期展延至 6 月 15 日。通知行 N 银行在第一时间将信用证修改通知了受益人。

5 月 30 日,B 公司将所有货物一次装船出运,在备齐了信用证所要求的全套单据后,于 6 月 3 日向 N 银行要求议付,N 银行审单后拒绝对其付款。

分析

本例中通知行已将信用证的修改转告了受益人 B 公司,而 B 公司没有明确表明接受或拒绝,本例中因为受益人 B 公司发货的时间迟于原证规定的有效期,显然表明受益人接受了信用证的修改。由于该信用证的修改项目共有 3 项:分批装运、装运期、有效期。既然 B 公司接受了信用证的修改,它就必须全部接受,而不能部分接受、部分拒绝。因此,B 公司接受展延信用证的有效期而拒绝分批装运的做法不符合规定,议付行的拒付完全正确。

启示

在不可撤销信用证情况下,任何一方对信用证的修改,都必须经过各当事人的同意,特别是受益人的同意,方能生效。当修改项目不止一项时,则必须全部项目接受,否则必须全部项目拒绝,不能只接受其中一项,而拒绝其他各项。

案例 8　银行是否该详细计算相关金额

当事人

开证行:I 银行
议付行:N 银行

案情

I 银行开出一份信用证中,对货物的描述如下:数量 2 000 箱,单价 USD15.78,价格条款为 CIF,其中 FOB 价为 USD30 575.00;运费 USD900.00;保险费 USD85.00,信用证总金额为 USD31 560.00,允许有5%的增减(包括数量和金额)。开证行 I 银行收到议付行提交的单据审核中发现:实际装货数量为 2 100 箱,汇票金额为 40 000.00。发票中显示 FOB 价为 USD39 015.00,运费为 USD800.00,保险费 USD75.00。I 银行计算后发现正确的总金额应为 USD39 023.00, 即:FOB 价 USD38 138(2 100 箱乘以单价 USD15.78),加运费为 USD800.00 和保险费 USD75.00。显然发票中的单价计算有误,I 银行据此拒付,而议付行 N 银行提出异议,认为其没有义务核对单价与数量计算的正确与否。银行有义务和责任在审单中进行详细的数学计算吗? 以什么标准来认定什么是需要计算的,什么是不需要计算的?

分析

在本案中,议付行 N 银行在审单中,没有发现发票金额计算中的错误,因而在向开证行索偿时发生了纠纷。《UCP600》曾有过类似的规定:"开立信用证的指示或信用证本身,以及修改信用证的指示和修改书本身,必须完整而明确。为了防止混淆和误解,银行应劝阻下列意图:(1)在信用证或其任何修改中,加注过多细节……"当信用证中包括过多细节时,银行没有义务通过详细的数学计算来确定是否相符。但是,如果信用证中总金额及其分项构成,即 FOB 价、运费、保险费是分列的,则其可理解为属于银行必须动手计算的范围。在本案中,关于成本的细节描述并不复杂,其实只有单一货物的描述,且信用证中有总金额分项构成的描述,因此开证行 I 银行要求议付行 N 银行发现计算上的错误是合理的。在实务中,从议付行的角度,如果遇到列出总金额分项构成的信用证,在审单中应格外注意计算。从开证行的角度,则应尽量避免在信用证中加列从表面上看要求银行进行审核计算的描述,以免引起不必要的纠纷。

启示

为了防范议付后被开证行拒付的风险,议付行可以要求受益人将货权作抵押,即受益人交单时需填写"质押权利设定书"(Letter of Hypothecation),声明在发生意外时,议付行有权处理单据,甚至变卖货物,使货物成为议付行可以完全支配的抵押品,减少议付行索偿的风险。如果议付行向开证行索偿遭拒付,可以向受益人行使追索权,此时议付行相当于汇票的正当持票人,除非议付行是保兑行。但如果议付行接受了受益人交来的"无追索权"的汇票并进行议付后,则应承担"无追索"的义务,如事后被开证行拒付,议付行应自负责任。

案例 9　出口商的审证责任

当事人

受益人：出口商 B 公司

申请人：进口商 A 公司

案情

我国出口企业 B 公司对外出口产品一批，销售合同中规定商品装于木箱之中（to be packed in wooden cases），而对方所开来的信用证则显示商品装于标准出口纸箱中（to be packed in standard export cartons）。由于 B 公司同时拥有两种包装的产品，而且船期临近，且双方有长期的业务合作，B 公司便在信用证中所规定的装运期前将装于标准出口纸箱的产品装运并取得相应的单据。此后 B 公司收到信用证的修改通知书，A 公司表示由于工作疏忽将包装条款打错，希望信用证中的相关条款与合同条款保持一致，即以木箱进行包装。由于已经装运，所以 B 公司拒绝接受修改。待 B 公司向有关银行结算以后，却收到 A 公司提出的抗辩："关于第××××号合同，合同中规定采用木箱包装，而贵方所提交的单据显示该批货物系装于出口标准纸箱中，我方已与最终用户联系，其表示不能接受。因此，我方也不能接受贵方所提供的货物和单据，希望贵方退还已从银行结算的货款，并承担我方的损失费用……"本案中 B 公司有过失吗？ A 公司的抗辩合理吗？

分析

本案中 B 公司在收到信用证，发现其中的包装要求与合同规定不符的时候，应该在出运前及时联系进口方 A 公司，澄清包装的要求，并对信用证作出必要的修改。即使由此引起时间延误，也可要求 A 公司通过信用证展期予以弥补，可以避免本案中后来所发生的纠纷，确保安全及时收汇。另一方面，信用证是一种独立的、自足性的文件，在跟单信用证业务中，各方均应以信用证作为唯一依据，而非合同和实际货物。再者，本案中出现的贸易合同与信用证内容不符，是信用证申请人在开证时自己疏忽所致。因此，从这两点来看，A 公司的抗辩并不合理。

启示

作为信用证的受益人，出口商在收到信用证时应该仔细审阅。受益人审证的依据有三条：一是买卖合同；二是收证时的政策法令；三是备货和船期等实际情况。审查来证内容时应注意信用证是否出现影响出口方安全的内容，如果发现来证与合同内容不符，必须立即联系开证申请人要求修改信用证。只有在出运前做好审证和改证的工作，才能最大限度地防止"拒付"或"迟付"，为早收汇、安全收汇创造条件。

案例 10　信用证的独立性

当事人

开证行：意大利 I 银行

议付行：中国 N 银行

案情

2019 年 7 月底我国 N 银行收到出口商提交的单据，经审核单证相符便于 2019 年 8 月 1 日将单据寄给开证行意大利 I 银行，8 月 7 日 N 银行收到开证行 I 银行不符点电报，内容为：根据 19ECE038 号合同，发票货描部分未打上"AVERAGE"一词。

经 N 银行审核，信用证货描部分并无 AVERAGE 一词。8 月 8 日，N 银行致电开证行拒绝接受不符点，指出所有单据单证相符，货描和信用证规定完全一致。所有单据的审核应以信用证条款为依据而非合同。

8 月 12 日开证行 I 银行来电重申："货物描述部分指出是依据合同号 19ECE038，我们审查了合同，注意到发票上没有 AVERAGE"。言外之意是，发票货描中既然提到合同，就要'合同内容一致。

8 月 13 日 N 银行再次致电开证行 I 银行部门经理，明确表示，贵行对不符点的解释无道理的，因为合同是证外文件。根据《UCP600》第 3 条：信用证就其性质而言，与可能其依据的销售合同或其他合同，是相互独立的交易。即使信用证提及该合同，银行亦与该合同完全无关，且不受其约束。既然单证相符，贵行就必须承担付款责任。

8 月 15 日，开证行 I 银行来电称，我们已联系申请人付款，但无论怎样，受益人在发票上列明了货物的尺寸、标号、厚度，根据《UCP600》第 37 条 c 款，这些不是信用证要求的。

8 月 19 日，N 银行致电开证行总经理，在坚持 N 银行上述观点的同时，补充说明了发票列明货物的尺寸、标号、厚度并不与信用证条款相违背。同时指出开证行的不合理拒付，逃避其信用证项下付款责任的行为，不仅严重损害受益人的权益，而且也影响其自身声誉。请其关注此事并尽快付款。

在积极交涉的同时，N 银行建议受益人接洽申请人。经了解，申请人此时正在国外休假，N 银行于 9 月 5 日发出催收电，对开证行 I 银行无理拖延付款的行为提出严正警告。同时，N 银行电话联系开证行 I 银行设在北京的代表处，该代表处负责人协助 N 银行处理此事。经过多方努力，开证行于 9 月 8 日付款。

分析

信用证就其性质而言,与可能作为其依据的销售合同或其他合同,是相互独立的交易。即使信用证提及该合同,银行亦与该合同完全无关,且不受其约束。只要单证相符,银行就必须承担付款责任。

在信用证业务中,信用证是开证行的付款承诺。开证行承担第一性的付款责任,只要受益人提交的单据表面符合信用证条款,开证行就必须履行其付款责任。有些开证行由于在开证时没有采取风险防范措施(如未要求交纳开证保证金)或虽已采取风险防范措施,但由于不愿影响与客户的关系,而千方百计拖延付款。在本案中,I 银行的做法极为不妥,为了维护自己的利益,偏袒申请人拖延付款,不惜损害自身声誉,毫无根据地提出所谓的不符点,从而达到拖延付款的目的。作为开证行,拒付信用证项下单据,提出的不符点一定要符合国际惯例及信用证条款,否则不仅有损自身信誉,而且影响与代理行间的关系。作为议付行,必须根据《UCP600》和信用证条款有理有据地交涉,并逐步加强交涉的力度。在本案中,议付行先后 3 次致电开证行,对其不合理拒付进行交涉,同时,请其北京代表处予以协助,这样双管齐下,最终迫使开证行付款。

案例 11   关于交单期限

当事人

开证行:英国北爱尔兰 I 银行
寄单行:中国 R 银行

案情

2018 年 9 月 29 日,中国 R 银行收到某进出口公司提交的一套即期信用证项下出口单据,开证行为英国北爱尔兰 I 银行,信用证有效期到 2018 年 12 月 7 日。R 银行认真审核后认为单证相符,遂于当日寄单,向开证行索汇。10 月 8 日,R 银行收到开证行来电,称单据存在不符点:EARLY PRESENTATION(早交单),并告知持单听候指示。R 银行立即查阅了信用证,发现原证中规定有特殊的交单条款:"DOCUMENTS MUST BE PRESENTED WITHIN 15-21 DAYS AFTER THE ON BOARD DATE OF BILL OF LADING BUT WITHIN THE VALIDITY OF THE LETTER OF CREDIT."(请在提单日后 15—21 日内交单,请勿超过信用证有效期。)而且该信用证中规定的有效地点为都柏林,这就要求单据必须在提单日后 15~21 天到达开证行在都柏林的柜台。同时寄单行与受益人进行了核实,其提交的提单日期为 2018 年 9 月 19 日。R 银行于 9 月 29 日以快邮方式寄单。经查,开证行 I 银行收到单据的日期为 10 月 3 日,邮程 5 天。因此,单据到达有效地的日期为提单日后 14 天,与信用证的要求不符。

2018 年 10 月 13 日,R 银行收到同一信用证项下的另一套单据。经审核确认无误后,R 银行当天以 DHL 寄单。10 月 18 日开证行 I 银行来电称单据存在不符点:LATE PRESENTATION(晚交单)。R 银行再次进行了核实,发现受益人提交的提单日期为 9 月 24 日,开证行收到单据的日期为 10 月 16 日,邮程 3 天。因此,单据到达有效地的日期为提单日后 22 天,与信用证要求不一致。

就以上两个案例,你认为开证行能解除付款责任吗? 为什么?

分析

首先,寄单行受一些客观因素的影响,根本无法准确估算邮程的时间;而且,国际商会银行委员会在 2001 年 11 月 29 日 DOCUMENT 470/TA 515 号意见书中对于同样案例的质疑给予了明确的答复:信用证中类似的条款在受益人接受信用证后就说明默认接受了这种条款,但是这种条款并不能解除开证行凭受益人提交的与信用证相符的单据付款的责任。不论哪种情况,开证行均有义务在收到其他方面符合信用证规定的单据后履行付款责任。

鉴于国际商会的意见,R 银行就以上两笔业务分别致电 I 银行阐述自己的观点及国际商会的答复,要求 I 银行履行付款责任。经过几次交涉,2018 年 10 月 28 日,R 银行收到从 I 银行发来的付款电报,两笔业务开证行未扣不符点费。

启示

对外交涉的过程中一定要充分利用国际商会有关质疑的答复意见,以便在与国外银行产生意见分歧时能把握充足的论据,对外交涉起来有理可循、有据可依,从而有效地维护受益人及出口银行的利益。

同时本案也说明审证这一环节非常重要,信用证中加列的此类关于交单期限的限定条款属于软条款,使出口方银行和受益人均陷入十分被动的局面。但是由于现在从事国际结算业务的银行众多,而且绝大多数信用证都是公开议付的,因此通知行一般只承担审核信用证表面真实性的责任。这就要求出口商在接到信用证时要特别留意,遇到有类似软条款时,在交单前就须要求通知行接洽开证行或直接联系申请人进行修改,从而避免日后在议付、收汇时产生不必要的麻烦。

案例 12 非单据条件

当事人

开证行:伊朗 I 银行

议付行:中国 N 银行

案情

2017 年 9 月 29 日,中国 N 银行议付了某公司远期信用证项下出口单据一套。开证行为伊朗 I 银行,付款期限为议付日后 180 天,偿付行是新加坡东京三菱银行,中国 N 银行认真审核后,确认单据无误,遂于当日寄单,并发电通知开证行确认到期日为 2018 年 3 月 27 日。

2017 年 10 月 13 日,N 银行收到开证行 I 银行电报,提出以下不符点:"THE L/C NO. AND NAME OF THE APPLICANT ARE NOT MENTIONED ON THE PACKAGES"。(信用证编号与申请人姓名未在包装上提及。)N 银行认真核实了原信用证条款,发现确有如上规定,但是该项规定是在信用证中附加条款(47A)项下列明的,并未要求提供单据证实。根据国际商会《UCP600》第 14 条 c 款的规定:"如果信用证含有某些条件但并未规定需提交与之相符的单据,银行将认为未列明此条件,而对此不予理会。"所以 I 银行提出的不符点是没有根据的。

2017 年 10 月 17 日,N 银行去电驳回 I 银行提出的不符点,并要求其确认到期日。2017 年 10 月 19 日,I 银行回电没有再提不符点,并授权 N 银行于到期时向新加坡东京三菱银行索偿,但是其确认的到期日为 2018 年 4 月 16 日,与中国 N 银行计算的到期日 2018 年 3 月 27 日不相符。于是 N 银行再次发电阐明观点,内容如下:"L/C TERMS STIPULATES THAT PAYMENT AT 180 DAYS AFTER NEGOTIATION DATE. WE NEGOTIATED THE DOCS COMPLIED WITH CREDIT TERMS ON 2017/09/29, YOUR DISCREPANCY IS NOT REASONABLE. THEREFORE, THE MATURITY DATE SHOULD BE CALCULATED FROM 2017/09/29. PLEASE RECONFIRM US OF THE MATURITY DATE AND AUTHORIZE THE REIMBURSING BANK TO HONOR OUR CLAIM ON 2018/03/27."(信用证条款规定议付后 180 天偿付,我行于 2017 年 9 月 29 日对相符交单议付。因贵行提出的单据不符点并不存在,所以到期日应从 2017 年 9 月 29 日起算,请确认到期日并授权偿付行于 2018 年 3 月 27 日偿付我行。)通过 N 银行的努力,2017 年 10 月 26 日伊朗 I 银行来电重新确认到期日为 2018 年 3 月 27 日。

分析

在本案中,信用证中出现了非单据条件,按照跟单统一规则和惯例,银行可以不予理会,所以开证行伊朗银行提出的不符点明显有悖于《UCP600》中规定的处理原则。在 N 银行积极与伊朗 I 银行沟通后,对方最终接受我方观点,保证了议付行和受益人的利益。

案例 13　自由议付信用证如何限制议付地点

当事人

开证行:中国 I 银行

议付行:瑞士 N 银行

案情

2013 年 3 月 14 日,中国 I 银行开立一份自由议付信用证(MT700 41D:ANY BNK BY NEGOTIATION),到期地点为荷兰(MT 700 31D:THE NETHERLANDS),L/C 有效期为 2013 年 6 月 20 日。5 月 28 日,I 银行收到该证项下的全套单据,但单据是由瑞士 N 银行提交的。该单据的装运日期为 5 月 4 日,L/C 规定装船后 21 天交单。由于 I 银行开立的是限制议付地点的自由议付信用证,并未指定交单行所在的地区,因此申请人认为此单应在到期日 5 月 25 日之前交到开证行。申请人坚持要求 I 银行以迟交单为由对外拒付。拒付电发出之后,交单行 N 银行来电告知 5 月 25 日、26 日分别是周六和星期天,非银行工作日,不符点不成立,I 银行只好立即偿付。

分析

此案的焦点其实并非交单期限,即使 5 月 25 日、26 日不是 I 银行的休息日,不符点也不一定能成立。本案中开证行希望开立"限制议付地点的自由议付信用证",但在 SWIFT 电文中却又表述为任何银行皆可议付该信用证,根据《UCP600》第六条 ii 项规定"对任何银行均为有效的信用证项下单据提示的地点是任何银行所在的地点"。根据 SWIFT 手册,在开立跟单信用证时如果信用证为限制议付地点的自由议付信用证,问题在于信用证应该如何表述,才不会引起混乱。该项目代号"41D"则应表示为"ANY BANK IN...(地名/国名)";如果信用证为自由议付信用证,而且对议付地点也无限制时,"41D"则应表示为"ANY BANK"。可以看出,判断自由议付信用证有无地域限制,应根据"41D"而不仅仅是"31D",而且为使信用证一致,"41D"和"31D"的地点应该是统一的。I 行信用证"41D"为"ANY BNK BY NEGOTIATION"显然未限制议付地,导致了信用证条款的不统一。根据 ISBP 第 2 条,开证申请人应承担有关开立和修改的指示不明确所导致的风险……

由此看来,I 银行开立的信用证确实有缺陷。就上述信用证而言,如想限制议付地点,仅仅将 MT700 31D 打成"THE NETHERLANDS"是不够的,除此之外,41D 还应表示为"ANY BANK IN THE NETHERLANDS BY NEGOUTIATION "(由荷兰所在国的任何银行议付),这样才能避免信用证当事人之间的争议和纠纷。

案例 14 关于信用证的修改(一)

当事人

开证申请人:韩国 A 公司

受益人:中国 B 公司

开证行:韩国 I 银行

案情

中国 B 公司与韩国 A 公司签订了一份出口合同,成交条件为 CIF Pusan,以不可撤销即期信用证支付。2017 年 9 月 20 日,A 公司向韩国 I 银行申请开立了一张以 B 公司为受益人的不可撤销即期信用证,信用证 47a 有一附加条款"Shipment by Intergroup Shipping(Asia)Ltd.",同时,信用证标明接受《UCP600》约束。2017 年 9 月 30 日,开证行给通知行发来了第一份信用证修改书,内容为"Delete shipment by Intergroup Shipping(Asia)Ltd."。10 月 20 日,开证行又发来了第二份信用证修改书,内容为:"Add shipment by Voyage Logistics Co." 10 月 22 日,通知行告知开证行受益人不接受第二次修改。10 月 26 日,开证行又给通知行发来电文称:撤销其 2017 年 9 月 30 日、10 月 20 日对信用证的第一次和第二次修改。

2017 年 11 月 1 日,B 公司将此信用证项下的货物交由上海锦鹏国际货运有限公司装船,并于次日收到该货运公司的提单。11 月 5 日,B 公司将信用证项下的单据交给通知行,通知行于 11 月 7 日通过快递发送给开证行 I 银行。11 月 14 日,I 银行向通知行发来传真称:提单存在不符点,船运公司与信用证要求不一致,并退回了受益人的全套单据。当天,通知行就回复了 I 银行称:不同意 I 银行引述的不符点,受益人不接受第二次修订,第一次修订已删除由 Intergroup Shipping(Asia)Ltd.装运,因此,由其他船运公司装运并不违反信用证的规定,此不符点不成立。

由于 I 银行一直未履行付款,2018 年 6 月 3 日,B 公司向上海浦东新区人民法院提起上诉,要求法院判令 I 银行支付信用证款项,并按同期银行美元贷款利率计算至支付日的利息。

分析

根据《UCP600》的规定,修改的生效取决于受益人的实际行动。受益人可以通过发出接受修改通知书或拒绝修改通知书来表示接受或拒绝修改,也可以不需要发出通知书。如不发出接受或拒绝修改的通知书,则可以交单行为来表示:当交单与信用证以及尚未表示接受的修改的要求一致时,则表示接受修改;当交单与原证(或含有先前被接受的修改的信用证)要求一致时,则表示拒绝修改。因此本案中开证行对信用证的修改并不当然发生效力。开证行发出了第一份信用证修改书后即受该修改约束且不可撤销。开证行发来第二份信用证修改书后,B 公司通过通知行已经明确发出了拒绝修改的通知,因此,第二份修改书无效。但是开证行仍受第一次修改的约束且不可撤销,所以其后来在传真中称撤销两次修改的通知应属无效。法院最后根据《UCP600》的规定作出了判决,判定开证行支付信用证款项,并支付从 2017 年 11 月 14 日起至实际支付日的利息,利率按该判决生效日的 6 个月美元 LIBOR(伦敦银行同业拆放利率)的收盘价上浮 3% 计。

本案中的受益人因未对第一次的信用证修改书作出接受或拒绝的通知,开证行想借此提出不符点拒付,法院根据惯例的规定作出了公平公正的裁决,受益人才得以收回货款。虽然我们利用惯例的规定顺利解决了本案例中的纠纷,但笔者认为,在实际业务中,受益人收到信用证修改书后,最好还是以书面的方式明确告知通知修改的银行接受或拒绝修改,以避免不必要的纠纷。

案例 15　关于信用证的修改(二)

当事人

受益人:X 公司
开证行:I 银行
通知行:A 银行

案情

2018 年 11 月 5 日,受益人 X 公司收到开证行开出的一张不可撤销跟单信用证,信用证金额为 18 200 美元,并规定不允许分批装运。X 公司于 11 月 24 日将货物出运,并于 11 月 28 日把全套单据提交到通知行 A 银行,其中发票金额显示为 18 700 美元(超出信用证金额 500 美元)。X 公司在交单之前已得到开证申请人的回复愿意将信用证金额增至 18 700 美元。11 月 30 日,开证申请人向开证行 I 银行提出修改申请,I 银行并于当日发出一份修改书,将信用证金额修改为 18 700 美元。

12 月 4 日,I 银行给 A 银行发出一份拒付电文,提出发票金额超过信用证金额的不符点;12 月 6 日,A 银行根据《UCP600》第 10 条 b 款的规定向 I 银行提出反驳:"贵行已将信用证金额修改为 18 700 美元,贵行要受此修改书的约束,所以我方受益人的发票金额并未超过信用证金额,贵行所提不符点不成立。"12 月 11 日,A 银行从 I 银行处收到了到期日为 12 月 25 日的客户承兑通知,开证行同时申明放弃不符点;12 月 26 日,扣除承兑费及电报费 20 美元后,受益人从开证行处收回了 18 680 美元。

分析

本案的通知行按《UCP600》第 10 条 b 款的规定反驳了开证行提出的不符点,开证行最后放弃了不符点,在到期日按信用证修改后的金额支付了货款,这是否就意味着信用证修改书有追溯力呢?

其实不然,根据上述《UCP600》第 10 条 b 款规定,正确的理解应该是开证行受信用证修改书的约束,应从其发出信用证修改之时起算,而不是从受益人收到之后才开始起算。信用证修改一经发出,只要受益人没有明确表示拒绝该修改,开证行就不能单方面地撤销该修改。因此,可得出这样的推断:如果受益人提交的单据与修改书一致,不管单据是在修改前还是在修改后缮制的,只要在开证行发出信用证修改书后提交至被指定的银行或开证行,开证行就得接受(因为受益人提交单据之时开证行已经开始受其所发出的信用证修改书的约束),不能因为单据是在开证行发出修改以前缮制而拒绝;反之,如果受益人在开证行发出修改书之前提交单据至被指定银行或开证行,当单据与信用证修改书一致而与原证不一致时,开证行有权拒绝接受单据,因为开证行此时受原证约束而还未开始受修改书的约束,开证行有权仅依据原证的条款来审核单据是否相符。

本案中的受益人 X 公司于 11 月 28 日交单,而此时 I 银行尚未修改信用证,信用证可用金额仍为 18 200 美元,受益人的发票额却为 18 700 美元。根据《UCP600》第 18 条 b 款规定:"除非信用证另有规定,按照指令行事的指定银行、保兑行(如有的话)或者开证行可拒绝接受金额超过信用证所允许的金额的商业发票。"对于此实质性的单证不符点,开证行应有拒绝接受单据和拒付的权利。

实际业务中,在考虑信用证修改书是否可作为审核单据的依据时,决定性因素是信用证修改发出的时间与受益人提交单据的时间哪个更早,与单据制作的时间并不相关。本案中,开证行最终放弃了不符点,并不是因为"信用证修改有追溯效力"而得出的结果。关键因素是客户主动于 12 月 30 日向开证行申请改证,将金额增至 18 700 美元,并且客户承兑了受益人的汇票,很明显是开证申请人主动放弃不符点并愿意付款开证行才付款的。不难想象,如果当时客户所在市场行情下跌或者出现资金周转困难等情况,自然不会主动要求改证并及时对汇票进行承兑,那么安全收汇也就成为泡影了。

案例 16　附加条件的有效性

当事人

开证申请人:马来西亚 I 公司

受益人:中国 X 公司

开证行:B 银行

通知行:A 银行

案情

2019 年 8 月,中国 X 公司向马来西亚 I 公司出口一批化纤原料,I 公司通过当地 B 银行开出总价 USD970000 的 90 天远期自由议付跟单信用证,此证由国内 A 银行通知给 X 公司。其中,信用证有一附加条款(47a:Additional Conditions)规定:"受益人必须正式签发一份标明信用证修改日期及号码的正本的书面申明函,申明受益人接受或拒绝信用证的修改。"此外,信用证标明遵循《UCP600》。后来,B银行通过SWIFT向N银行发出了修改书。1个月后,X公司按照信用证及修改书的规定按时装船,并及时把单据交给A银行,通知行审核单据后亦无异议,将全部单据通过快递寄往B银行。不料几天后A银行却收到了B银行的拒付通知书,称:"受益人未提交一份标明信用证修改日期及号码的正本的书面申明函,申明受益人接受或拒绝信用证的修改。"A银行收到拒付电文后,立即联系X公司,后核实X公司确实没有提交此书面申明函,同时还了解到当时市场上化纤原料的行情大跌。

双方经过研究后,决定由A银行向B银行提出以下反驳意见:根据《UCP600》第10条c款的规定,如果受益人未能给予通知,当交单与信用证以及尚未表示接受的修改的要求一致时,即视为受益人已经作出接受修改的通知,并且从此时起,该信用证被修改。我方受益人所提交的单据已明显显示我方已经接受了修改,所以无须出示此申明函。本信用证既然已标明受《UCP600》的约束,开证行就必须严格按照《UCP600》的规定行事。

分析

根据以上案情介绍,我们可以看出,开证行与通知行之间争议的焦点在于在受益人不提交"申明函"的情况下,所提交的单据是否视同已经符合信用证条款的要求。如果答案是肯定的话,开证行必须履行承兑及到期付款的责任,否则开证行可以拒付。

事实上《UCP600》并不要求受益人一定要出具该通知,所以,信用证中要求"受益人提交接受或拒绝信用证修改的申明函"条款与《UCP600》第10条c款的规定是相冲突的,应视为无效条款。本案例信用证中要求受益人提交的"申明函"仅仅是开证行的单方面要求,不符合信用证业务的国际惯例,开证行在其信用证中明确标明遵循《UCP600》,就必须按照国际惯例执行,开证行必须立即承兑并到期无条件付款。因此,开证行的拒付理由无法成立。

本案中开证行和通知行之间的辩驳似乎各自都有一定的道理,但为了避免此类事件的发生,受益人必须审慎审核信用证内容,当发现信用证条款与《UCP600》的标准相冲突时,为保证相符交单,仍应按信用证条款的要求提交相关单据。本案例中的受益人如提交了47a条款中所要求的"申明函",就不会发生这样的纠纷了。当然,如果受益人无法满足此类信用证条款的要求,就应要求开证申请人向开证行申请修改。

案例17 受益人未认真审证致损案

当事人

开证行:I银行

通知行:A银行

受益人:X公司

申请人：M 公司

案情

2016 年 4 月 5 日，I 银行开出一张信用证，开证申请人为 M 公司，受益人为 X 公司。信用证对有关商品条款规定："50 M/Tons of Bee Honey. Moisture：18% ~ 22%. Variety：Acacia. Packing：In tins of 25 kgs. net each; 2 tins in a wooden case."（50 公吨蜂蜜；水分 18% ~ 22%；品类：槐花；包装：听装每听净重 25 千克；2 听装一木箱。）X 公司根据信用证要求即准备装运工作，但单证人员在缮制提单时与出口海运托运单对照发现信用证规定对货物的包装与合同规定的包装不一致。信用证规定："Wooden Case"（木箱）装；合同规定："Wooden Crate"（木条箱）装，实货也是木条箱包装。农产品进出口公司考虑，该商品包装是有两种：木箱装和木条箱装。信用证既然又改为木箱装，因两天后即将开始装船，修改信用证已来不及了。如果先装船等修改后议付，则风险太大。如联系船方代理退载，则需赔偿空舱损失。所以，X 公司最后采取既可以按原计划装运，不影响装船，又可以安全收汇的好办法：因库存还有木箱装的货物，即改为木箱包装货装船，如此既可满足信用证要求，安全收汇，又不影响按时装运。

4 月 24 日，X 公司按木箱包装货物办理了装运工作。4 月 25 日却接到 M 公司来电称："首先向贵公司表示万分歉意。由于我方疏忽，第××××号信用证关于 50 公吨蜂蜜的包装条款发生笔误，其中，'Wooden Case'（木箱）一词应改为'Wooden Crate'（木条箱）。同日已通过开证行修改信用证。谢谢配合。"

X 公司接到买方上述电文后，同日也接到银行关于木箱装改为木条箱装的信用证修改书。X 公司经与通知行 A 银行研究后决定拒受修改，将修改书退回，仍按木箱装的单据办理寄单议付。4 月 29 日又接到 M 公司来电："我方 25 日电文贵公司已收到，我方已将信用证要求的包装修改为木条箱包装，但今接你装运通知电，你方仍按木箱包装货物装运。根据我们第××××号合同规定，50 公吨蜂蜜全要木条箱包装。该货系我转售给 G 实际用户，我与 G 的合同亦确定为木条箱包装。你方如此违反合同规定，我方无法接受。"

5 月 26 日 I 银行来电："第××××号信用证项下单据经审核存在不符点：我信用证对货物价格条件为'C&F'，而你方发票上表示价格条件却为'CFR'，因此单证不符。单据暂在我处保存，速告如何处理。"

X 公司即于 28 日反驳如下："你 26 日电悉关于'C&F'与'CFR'的不符点事，根据国际商会第 460 号出版物《1990 年国际贸易术语解释通则》已将'C&F'条件改为'CFR'。所以不符点不成立。"

5 月 30 日，开证行又答复如下："你 28 日电悉。你方根据《1990 年国际贸易术语解释通则》'C&F'已改为'CFR'，但我信用证明确规定：'本证根据国际商会（2007 年修订本）第 600 号《跟单信用证统一惯例》办理，我行根据该《跟单信用证统一惯例》规定，我银行只管单据表面与信用证条款是否相符。如果单据表面与信用证条款不符，银行即可拒收单据。你方发票上'CFR'就是与'C&F'表面不符。因此你单据就是单证不符。速告单据处理的意见。"

X 公司只好又向 M 公司交涉,均无效果。因 X 公司违背双方合同规定交货,最后只好派人到进口国直接与 M 公司当面谈判,最后以 X 公司自负费用在目的港加工更换包装而结案。

分析

在国际贸易实务中,审查信用证是一项重要的工作。X 公司接到信用证后没有审查,即使审查也是不够严格的。因为 M 公司错开信用证包装条款,X 公司没有审查出来,所以才照常办理租船订舱和各项装运手续,直至临装船前一天有关单证人员在缮制提单时才发现问题。这是 X 公司遭受损失的根本原因。

国际贸易结算以信用证为支付方式,如果发现信用证条款有误,不符合双方合同规定,最妥善的办法是向买方提出修改信用证。本案例的 X 公司由于当时没有及时发现问题,直至临装船前才发现包装条款与合同不符,形成进退皆难的被动局面:装船则无法办理议付收汇;不装船则赔偿船方空舱损失;先装船后再等待修改信用证,无把握,其风险大。所以 X 公司最后才采取按信用证要求换货装船,当时认为这是最安全的途径,但未料到买方并非欲更改包装条款,而是开证时的笔误,故之后又来修改信用证。但 X 公司当时木箱包装的货已上船,"生米做成熟饭",不得不硬着头皮将信用证修改退回。但 X 公司并没有考虑:合同规定为木条箱包装,而实际交木箱包装的货算不算违约行为;也未考虑过如此不按照合同规定交货的后果。

从本例中可以看出,以信用证为结算方式时,单证相符是何等的重要。单纯从信用证业务收汇角度来说,X 公司拒绝接受信用证修改后,开证行本可以保证付款,但是 X 公司在单据上的价格条件只因"CFR"与"C&F"之差,将以前所做的工作和一切的努力付诸东流。关于"CFR"与"C&F"略语,国际商会在第 460 号出版物《INCOTERMS 1990》中已将"C&F"略语取消了,改为"CFR"。虽然 X 公司是正确的,I 银行似乎不应提出这样的问题,但信用证结算的特点就是只管单据与信用证条款表面上的相符。信用证条款错了,事先受益人可以要求修改,只要受益人接受了该信用证,等于承认了它,就必须遵守信用证,提交与其表面上绝对相符的单据,否则开证行可以拒付货款。X 公司在单据上遗留下这样的把柄给对方,M 公司当然会利用这样难得的机会,以此为借口,达到拒付货款的目的。

X 公司原备货是木条箱包装的货物,后改换为木箱包装装运,损失了不少钱(因木箱包装比木条箱包装成本高)。X 公司当初拒受修改书,也就是为了安全收回货款,但未料到却弄巧成拙,结果反而又在目的港将木箱包装作废,再重新更换为木条箱包装,又支付了高额的费用,遭到严重的损失。

从本案情看,M 公司不按合同条款开立信用证,其违约的行为应该在买方,但其结果反而变成卖方 X 公司违约,值得深思!

启示

此案例中信用证有两点需要修改,第一是包装要求,第二是价格术语,但受益人并未及时发现。因此我们可以得出的结论是:信用证受益人应及时认真严格审核信用证,才不至于将自己置于被动之中。

案例 18　可转让信用证使用不当致损案

当事人

第一受益人:F 公司

第二受益人:S 公司

开证申请人:A 公司

开证行:I 银行

议付行:N 银行

转让行:T 银行

案情

2016 年 5 月,广州 S 公司同香港中间商 F 公司签订了一项出口合同,由 S 公司按 CIF EX SHIP'S HOLD 曼谷条件向 F 公司出售水泥 6 000 公吨,合同金额 34 万美元。合同规定,F 公司在收到信用证后 30 天内交货,信用证 6 月 9 日前通知给 F 公司。合同订立后,S 公司向 F 公司催证,以便及时备货装船。F 公司在收到泰国开证行 I 银行开来的可转让信用证后,要求香港 T 银行办理转证手续,新证的议付行为深圳 N 银行,第二受益人为广州 S 公司。F 公司通过 T 银行转出的新证迟期一周到达 S 公司,S 公司要求 F 公司改证,将交货期推迟到 7 月底。F 公司按 S 公司的要求请银行作了修改。随后,S 公司通过设在广州市的香港 Y 船务公司订妥舱位,装船期为 7 月 25 日前。

预定的船只原计划 7 月 21 日到达广州黄埔港装货,但在从台湾返回香港的途中,因为台风受阻滞留在高雄港。同期 S 公司订购的水泥陆续抵达广州。由于船只迟迟不到,S 公司立即将特殊情况电告 F 公司,再次要求修改信用证,将装船有效期展期到 8 月 15 日。F 公司口头表示同意,同时不断用电话催促 S 公司交货,而 S 公司并未收到银行方面的改证通知书。此间,实际进口人——泰国 A 公司亦频频传真 F 公司,要求迅速交货。

8 月 8 日,预定的船只终于到达广州黄埔港。尽管当时广州风雨连绵,但由于货物已在驳船上待运多日,S 公司考虑到船期耽误太久,便组织人员加速装船,8 月 12 日货物装妥,S 公司取得指示提单(Order Bill of Lading),提单抬头为可转让信用证开证行——泰国 I 银行指示抬头。8 月 22 日载货船只抵达曼谷。

8 月 13 日(货物装妥后第二天),S 公司立即向 F 公司发出装船通知,F 公司收电后又通知泰国 A 公司按时收货。8 月 20 日,F 公司将全套单据交深圳 N 银行办理结汇手续,N 银行以信用证过期和单证不符为由拒绝议付。次日,S公司改用证下托收方式委托深圳N银行代收货款,与此同时又电告F公司,请求它协助解决收款事宜。

水泥到达曼谷后,A公司急于提货,但手中又没有提单,于是便通过泰国I银行开具保证函(Letter of Guarantee),据以向船方要求提货。船方应允,货物在8月底全数被A公司提走。

S公司从香港F船务公司处得知货物被提消息,多次电催F公司付款。F公司又催A公司付款赎单。A公司以货物迟期装运违反合同为由,要求F公司扣价30%,否则不予付款。F公司将A公司意见转告S公司,S公司认为扣价幅度太大,只同意扣价10%。为此,S、F、A3个公司长期争议不下。此后,广州S公司为收回货款,分别同香港F公司、泰国A公司及泰国I银行多次交涉,时间长达两年之久,最终不得不答应泰国A公司要求(扣价30%)。

分析

1.关于使用可转让信用证收汇的安全性:

(1)可转让信用证系指信用证的受益人(即第一受益人或First Beneficiary)可以要求授权付款、承担延期付款责任、承兑或议付的银行(统称为"转让银行"或Transferring Bank)或当信用证是自由议付时,可以要求信用证中特别授权的转让银行,将该信用证全部或部分转让给一个或数个受益人(即第二受益人或Second Beneficiary)使用的信用证。

(2)具体做法是:第一受益人(中间商)在接到可转让信用证后,填具转让书、支付转让费,要求转证行转让。转证行按第一受益人要求和原信用证的条款重新缮打一份内容相同的新证。在新证内,转让行可将总金额、单价、装船期、有效期减少或缩短,保险金额可以增加,另外也可以第一受益人代替原证的开证申请人。除此之外,新证内容必须与原证条款相同,不得改变。转证行对新证所负责任与对原证相同,不因开出新证而有所改变。信用证经转让后,由第二受益人(实际出口人)负责办理交货。

(3)由于信用证是一种银行信用,因此在为数不少的外销员看来,无论使用何种类型的信用证,对出口公司都非常安全,实际情况并非如此。以可转让信用证为例,如出口公司接受这种转来的信用证,至少要承担下述风险:

A.改证困难,不便履约。可转让信用证的鲜明特征在于新证与原证有直接连带关系,合同执行中如遇特殊情况(如本案中由于台风原因,装货船只迟期抵达装运港)急需改证时,我方不仅要征得中间商(第一受益人)、转证行同意,更为重要的是还必须征得开证申请人(实际进口商)和原证开证行的同意。一项改证手续,牵涉到地处不同国家、地区、利益各异的四位当事人,即便四位当事人没有异议,也需相当时日;倘若其中一位或几位提出异议或表示反对,事情就复杂了。前后无论哪一种情况发生,我方都进退两难,进而直接影响以后的履约及收汇。

B.出口商单据不符,风险巨大。在可转让信用证项下,假使因某种原因,例如,船期耽搁,致使我方所交单据不合要求,遭到银行拒付,那么我方势必丧失银行信用。如果实际进口商资信不佳,或者中间商与进口人相互串通、狼狈为奸,我方很可能会遭受货款两空的风险。

C.他人业务操作失误,我方代人受过的风险。在可转让信用证结算业务中,由于原证和新证相互关联,即便我方工作保质保量,能否安全收汇仍然是一个问号。比如,中间商在填写转证申请书时工作失误或者转证行在执行转证申请书时工作失误,作为第二受益人的我方手持一份与原证不符的新证,无论如何认真、努力工作,都不可能有单证相符的结果。又如,我方交单给转证行后,假使中间商在置换其开立的汇票和发票工作过程中发生差错,或者转证行在办理单据业务并寄交开证行的工作过程中发生差错,开证行同样会拒付货款,我方无疑将遭受收汇不到的连带风险。

D.显而易见,可转让信用证是一种操作难度较大的信用证,在客户资信不明的情况下,轻率同意使用可转让信用证作为结算方式,不能不说是收款不到的重要原因之一。

2.在信用证装运期逾期、改证通知书未到的情况下,出口商方能否发货?

(1)众所周知,商业信用充满风险,我们大量使用信用证作为国际贸易结算方式,根本原因就是为了获得银行的第一性付款保证,以规避国际贸易风险。然而开证银行的付款保证不是无条件的,其付款前提条件是"单单一致,单证相符",信用证装运期一过,银行的法律责任自动解除。所以在装运期逾期而修改通知书又未到的情况下,我方是决不能出运货物的,更何况是大额出口业务合同。这本是一般业务常识,但实际工作中人们对此往往熟视无睹。

(2)尽管本例当时"风雨连绵""水泥在驳船上待运多日",情况十分特殊,不出运的确损失不小,但仅凭客户的一项口头承诺,便怀侥幸心理,匆忙出运 6 000 公吨水泥,这种为出口而出口的"赌博"型业务做法,实在愚蠢至极,事实亦证明了这一点。

3.在水泥已被担保提走的情况下,开证行能否以单证不符为由拒绝付款赎单?

(1)一方面,根据银行业惯例,无论是托收业务还是信用证业务,进口商不履行付款或承兑的责任就不能取得货物的所有权或代表物权的单据。

(2)另一方面,按照《UCP600》规定,不管什么理由,未经出口国银行或出口商授权,开证行如将单据交给进口商或者允许进口商担保提货,它就要对出口商承担到期付款的不可撤销的责任。一旦取单或者提货,进口商和开证行就丧失了拒付不符单据的权利。即使单据中有许多难以接受的不符点或差错,或者在担保提货后发现所接收的货物有假冒伪劣产品,它们也丧失了在信用证项下拒付的权利。这是因为银行在信用证项下或托收业务中,处理的是单据而不是货物或成交合约。

(3)在本案例中,尽管全套正本单据存在严重不符点,由于在未经广州 S 公司授权的情况下,泰国 I 银行已经私下允许泰国 A 公司担保提取了货物,根据国际惯例泰国 I 银行就完全丧失了拒付的权利,所以第二受益人供货商 S 公司首先应该从香港船务公司处取得泰国 I 银行担保提货的证据,而后向开证行查究责任和坚持开证行应该付款的立场,所谓扣价 30% 前提条件下才付款的说法纯属无稽之谈。诚然,广州 S 公司在履约过程中的确违反了信用证的船期规定,在一定程度上给泰国 A 公司造成了经济损失,对于这种经济损失,广州 S 公司确实负有不可推卸的责任。因此,泰国 A 公司向广州 S 公司提出损失赔偿要求无疑是合理的,但索赔手续的办理必须依法进行,即泰国 A 公司既然已经担保提货了,就该先对开证行付款赎单,然后按照合同条款与香港 F 公司、广州 S 公司协商索赔事宜,如此才合乎法律程序。现在这种胡搅蛮缠做法,从短期来看的确对己有一定的利益,从长期来看并不利于泰国 A 公司的国际商誉和公司形象建设,损人亦不利己。

(4)船只迟迟不到,香港船务公司有无责任?

A.从案情发展线索来看,在收到香港 F 公司转来的新证后,根据合同规定,广州 S 公司积极进行货源组织并办妥租船手续,正常情况下无疑可以在信用证规定的时间内履行装船义务而后安全收汇。但就在履约的关键时刻,"杀出"台风不止、船只迟迟不到事件,造成广州 S 公司履约困难,进而滋生时间长达两年之久的收汇纠纷案,对此香港船务公司能否以不可抗力为由开脱自身的责任呢? 我们的回答是否定的。

B.因为构成不可抗力事件的条件有:其一,事件是合同订立之后发生的;其二,事件不是由任何一方当事人疏忽或过失造成的;其三,事件的发生是双方当事人无法预见、无法避免、无法预防的。在本案例中,尽管台风是订船合约签订后发生的,但它并非是香港船务公司无法预防、无法避免的。作为专业的船务公司,它完全应该了解6—10月为华南地区的台风季节——这一特殊气候特征,所以事先的防范措施应该成为其工作的重要内容之一。即便未作事先的专业防范,在台风不断、船只必定迟期到港的情况下,香港船务公司也应从世界重要港口之一的香港船舶市场租赁船只到广州黄埔港紧急装货,以履行其合同义务,否则由此引发的经济损失,香港船务公司难脱其责。由此可见,收汇纠纷完结之后,整个案件还未完全了结,作为遭受重大经济损失的广州 S 公司,还得依照法律程序向香港 F 船务公司行使索赔权利。

启示

1.正确选择结算方式。广东毗邻中国香港、澳门及东南亚,转口贸易在出口贸易中占有相当比重,因而不时要涉及是否使用可转让信用证的问题。既然可转让信用证业务操作程序复杂,出口结汇风险巨大,所以在同外商签订合同时,支付方式条款应该明确订立为100%即期付款的不可撤销信用证。假使对方开来的是可转让信用证,我们有权要求中间商另开对背信用证,或者要求转证行加具保兑以履行合同,金额较大的交易合同更应如此。倘若对方提出可转让信用证的使用要求,我方应积极做好说服工作,晓以利害,以防后患。

2.加强履约管理,确保收汇安全。

A.在信用证业务中,由于各有关当事人所处理的只是单据,而不是单据所涉及的货物、服务或其他行为。因此,在使用信用证作为结算方式的出口业务中,合同订立后出口公司内部各有关部门应该密切配合、通力协作,认真做好出口履约工作,将收汇风险消灭在萌芽以前。

B.注意国外客户履行合同的情况。如果发现对方有意拖延开证、改证或其他不履行合同的行为时,要区别不同情况,及时采取有效措施督促对方履行,以维护合同的严肃性,切实保障我方的权益。假使遇上特殊的突发事件,致使我方履约发生困难或者根本无法按期履约,我方应该立即同国外有关当事人取得联系,提出合理方案,力争妥善处理,绝不能再像本案例那样,在信用证装船期逾期、银行信用没有着落的情况下,以侥幸心理行事,冒险发货,造成企业重大经济损失。不仅如此,在货物如期装运后,出口企业还应该严格按照信用证条款要求,坚持"准确、完整、及时、简明、整洁"的制单原则,正确缮制各种结汇单据,并在信用规定的交单期内,直接将有关单据送交议付银行办理结汇手续,以维护收汇的安全。

案例 19　通知行是否有权拒绝转让信用证

当事人

开证行:ABC 银行北京分行
通知行:DEF 银行纽约分行
开证申请人:I 公司
第一受益人:FB 公司

案情

2016 年 4 月 1 日,我国进出口 I 公司与美国 FB 公司签订一买卖合同,由 I 公司从 FB 公司进口小麦。但是,FB 公司只是中间商,手中无货,与 I 公司成交后,需再向实际供货人购货。所以,买卖双方在签订合同时就达成协议,I 公司向银行申请开证时,开立可转让信用证。

4 月 8 日,I 公司向某银行北京分行申请开立可转让的不可撤销信用证,信用证的有关内容如下:

"To:The DEF Bank Ltd.,Los Angeles(通知行:洛杉矶 DEF 银行)

From:The ABC Bank,Beijing Branch(通知行:ABC 银行北京分行)

We hereby issue our irrevocable transferable documentary credit No.LA678158900.

Available with any bank in Los Angeles by negotiation of beneficiary's draft in duplicate drawn on The ABC Bank, Beijing Branch at 45 days sight for 100% invoice value accompanied by the following documents:

All documents are to be forwarded to The ABC Bank, Beijing Branch in one lot by express airmail. We hereby undertake that drafts drawn under in compliance with the terms of credit will be duly accepted upon presentation and will be paid at maturity."(我行于此开立不可撤销可转让信用证,信用证号是 LA678158900。洛杉矶所有银行皆可议付该信用证,受益人开立两套汇票,汇票受票人为 ABC 银行北京分行(我行)。信用证付款期限为议付后 45 天,金额为发票金额的 100%。请将所有单据通过特快专递一次寄给我们,我行将承担相符交单下的付款

责任。)

4月11日,通知行向受益人通知信用证内容,并在其随附的信用证通知书中特别指出:"We advise you as follows:We advise above conveys no engagement or obligation on our part."(我行现将有关内容通知如下:我行只做通知,不承担其他任何责任和义务。)

4月12日,受益人要求通知行(仅仅是通知行)转让此笔信用证,第二受益人是真正的供货商。

4月15日,通知行向受益人发函,解释说他们不能转让该笔信用证,因为他们已在其信用证通知书中特别指出只做通知,不承担其他任何责任和义务,包括议付事项。

分析

这是一个关于通知行是否有权转让可转让信用证的案例。关于可转让信用证,《UCP600》规定可转让信用证是开证行应开证申请人的要求在信用证内表明可转让的字样,受益人(第一受益人)可以要求受委托付款、承担延期付款、承兑或议付的银行或者在自由议付信用证情况下,经特别授权的银行作为转让行,将该信用证全部或部分转让给另一个或数个受益人(第二受益人)使用,那么,第一个信用证就是可转让信用证。一般来说,只有信用证的受益人是中间商时,才会要求国外进口商开立可转让信用证,以便转让给实际供货人,中间商从买卖差价中赚取利润。

从《UCP600》对可转让信用证的规定可知,只有信用证的付款行、承兑行、议付行才能作为转让行。否则,该行只能作为通知行而不能参与转让。当开证行指定一家银行来转让信用证时,该转让行同时也应该是被授权处理单据付款事宜的银行。如果信用证要求开证行作为付款、承兑、议付行(即开证行同时也是被指定行),此时,唯一能转让信用证的就只有开证行。

本案例中,通知行明确说明其本身只是作为通知行,而不承担其他任何责任和义务,所以,通知行不是议付行。因此,按《UCP600》的规定,通知行不是付款行、承兑行、议付行中的任一银行,通知行就不能作为转让行转让该信用证。所以,本案例中,受益人要求通知行转让信用证的做法是不可行的。

案例20 无实际贸易的信用证操作

当事人

开证行:I银行

开证申请人:A公司

案情

2015 年广东一沿海城市银行 I 银行为该市企业 A 公司开出了无贸易背景信用证共 10 笔,开证总金额 0.9 亿美元,垫付款项超过 1 500 万美元。

A 公司是 I 行的授信企业,I 行对 A 公司的授信额度为 2 000 万美元以上。2015 年以前 I 行为 A 公司开立的信用证均可正常对外支付。但从 2015 年以后,由于 A 公司经营状况开始下滑,效益欠佳,经常出现巨额亏损情况,因而无法支付信用证项下的到期款项。为应付信用证项下的到期款项,A 公司与境外受益人相互串通,采用以新证套取资金冲销旧证款项的做法,具体操作是:银行开出信用证后,若企业无法偿还该笔到期信用证款项,则向银行申请一张新的远期信用证到境外进行融资,即由境外受益人向境外银行办理贴现并将贴现所得款项偿还前一笔信用证项下的到期款项,议付行收到受益人偿还的贴现款后,即通知开证行解除前一笔信用证下的付款责任,如此循环操作,滚动式开证。事实上,境外受益人并没有真的向开证申请人提供任何货物。由于要支付融资利息,在滚动开证过程中,未付金额越滚越大。

直到 2016 年,I 行总部下达对无贸易背景信用证业务进行彻底清查的通知后,I 行才停止了对 A 公司开立新的无贸易背景信用证。由于 A 公司利用信用证融资后所得资金主要用于购买房地产、生产设备、炒股、期货、投资建厂等用途,短期资金长期占用,企业对信用证的偿付能力得不到保证,给银行带来巨额损失的风险。

分析

新开立的远期信用证均以冲销旧证为目的,以新证套来的资金偿还旧证,借新还旧,结束旧证业务。所以只要能开出新证,得到融通资金就能偿还到期信用证,如此循环反复,故隐蔽性强,不易暴露。在滚动开证的中间环节中,企业无须对外付款,因而不需要办理进口付汇核销,而开证行也无须为企业垫付资金,不占用信贷规模,暂时掩盖了巨大的支付风险,但最终仍需由境内企业对外付款或由银行垫款。从外债管理及资金的用途看,其实质是利用远期信用证方式来变相举借外债,是一种违反外债管理的行为。根据中国人民银行的规定:"商业银行对外开立 1 年期以上的远期信用证属资本项目;1 年以下、3 个月以上的远期信用证余额纳入外债统计之内,但不占用外汇短期贷款指标。"本案中 I 行绕过人行的规定,开出的信用证金额多在 300 万美元以下,期限多在 90 天以内,无须凭外汇局进口付汇备案表开证,因而逃避了外汇管理部门的监管。A 公司进行短期资金融通,利用银行信用使企业的境外融资得以展期,如此反复循环,短期融资,长期占用,达到短债长用的目的。这种行为违背了我国利用外资政策,也不利于我国的外汇管理。

启示

1.控制远期信用证的开证规模。应根据各级银行的资产负债率、资金实力及信用等级,设立其开立远期信用证的总规模及权限,即单笔信用证的最高金额和开证最长期限。因为根据国际贸易惯例,正常的国际贸易结算通常在 60 天内完成,如果超过 90 天、180 天,且金额较大,很可能有借贸易名义进行融资的倾向。所以,各级银行应严格控制远期信用证的开立,并建立相应的分级审批制度,避免无贸易背景的融资。

2.严格内部管理,统一授信制度。各总行应建立和完善系统内部管理和制度,尤其是授信制度。规定各级分行的风险余额,要求各分支机构如实及时上报远期信用证业务的统计报表,以便加强内部监管。同时各开证行必须严格审查开证申请人近期业务的经营状况、资信情况、资产质量、负债状况、偿付能力等,并参照信贷管理审查程序及制度给每一客户核实一个开证的最高授信额度。在建立授权制度的同时应考虑相互制约,相互监督的因素,形成有效的监管机制。授权制度应与相关的管理制度配套,对主管人员的授权应结合其管理水平和能力,在授权的同时,应明确其应承担的责任。

3.严格开证申请,加强保证金管理。对远期信用证必须落实足额保证金或采取同等效力的担保措施。保证金收取比率与进口商的资信、经营作风、资金实力及市场行情有着密切的关系。对风险较大的必须执行 100%甚至更多的保证金。对保证金必须专户管理、专款专用,不得提前支取或挪做它用。对开证人、受益人为同一法人或子母公司关系的,且开证频繁、境外受益人相对固定的,应持谨慎态度,严格审核其真实性,开证时要求提高其保证金比例,落实有效的担保、抵押手续,注意担保人的合法性、经营状况、资信情况、资产流动情况及担保抵押的变现能力等。对企业不能付款的,严禁以新证抵旧证的方式开出新证,把实际垫款转为隐性垫款。

4.进一步加强信用证项下进口付汇核销管理。对利用无贸易背景信用证在境外融资,并以非正常渠道在境外还款,无须办理核销的,应实现电脑化管理,完善信用证项下进口付汇备案表的跟踪管理机制。加强对信用证业务的非现场监管工作,由于外汇局对远期信用证尚未有更为完善的管理,用于非现场监管而设置的远期信用证业务报表也仍存在漏洞,从报表上难以发现银行只开证不付款、滚动开证的做法。因此,应尽快完善信用证管理的各项制度,改进现行远期信用证业务的监管报表,增加并细化报表的内容,使信用证业务的非现场监管工作也能发挥应有的作用,及早发现潜在的风险。

案例 21　延期付款信用证下受益人欺诈的裁决

当事人

受益人:B 公司
开证行:I 银行
保兑行:C 银行

案情

I 银行开立了一份以 B 公司为受益人,金额为 1 850 万美元的跟单信用证。该证规定"在单证相符的条件下,提单日后 180 天由开证行办理延期付款"。通知行 C 银行根据开证行的请求对信用证加具了保兑。随后,受益人提交了证下单据。经过审核 C 银行接受了金额为 2 030 万美元的单据。根据与受益人签订的有关协议,C 银行凭一份款项让渡书贴现了远期付款款项。贴现后不久,受益人被指控欺诈。因此,开证行在到期日拒绝偿付保兑行,其理由是:在到期日前发现了欺诈;而根据跟单信用证统一惯例,开证行没有义务偿付 C 在到期日前对受益人叙做的融资。经交涉无果,保兑行遂起诉开证行,要求开证行履行偿付责任。

分析

本案的基本前提是:第一,欺诈确定成立;第二,C 银行在保兑信用证及贴现有关单据时不知悉欺诈存在;第三,保兑行和开证行均是在信用证到期前获悉欺诈。本案的焦点是受益人实施欺诈的风险到底应由开证行还是保兑行来承担? 在一份保兑的延期付款信用证项下,保兑行对受益人贴现了信用证款项,但在信用证到期前发现了欺诈,法院的判决是风险应由保兑行而非开证行承担。

判定的依据是延期付款信用证与承兑信用证的区别。根据《UCP600》,开证行与保兑行在延期付款信用证与承兑信用证项下所承担的责任不同,在延期付款信用证项下开证行与保兑行的责任是到期付款,而在承兑信用证项下开证行与保兑行的责任有两条,先是承兑汇票,然后是到期付款。在本信用证下,C 银行本该有权而且事实上应该在到期日拒绝向受益人付款。当 C 银行作为保兑行支付了其原本应该没有义务支付的款项时,开证行显然没有义务对 C 银行予以偿付。另一方面,因 C 银行已经对本案信用证进行了融资,它就成为该证下受益人索偿权利(如有)的受让人。法院认为 C 银行基于这一权利让渡而向开证行索偿仍然不能给予支持,因为如果受益人实施了欺诈,它就不应该再有任何权利要求开证行付款,而根据权利让渡的一般原则,受让人通常不能获得优于让渡人的权利。所以尽管 C 银行在叙作融资时并不知道受益人欺诈的事实,但它作为受让人,不可能获得比受益人(也就是让渡人)可能获得的补偿更多的权利。

关于"承兑信用证",法官认为:汇票是一个流通工具,正当持票人享有优于先手的权利,因此欺诈也不能抗辩正当持票人享有的到期获得付款的权利。尽管承兑人不能变成正当持票人,但英国《1882 年票据法》表明在英国法律中如果承兑人在到期日或到期日之后成为持票人,汇票自动清偿。另外,通过贴现持有汇票,将自动导致汇票在到期日清偿,即使欺诈也不能阻止汇票在到期日清偿。因此,不论是被承兑人贴现还是被第三方贴现,汇票在到期日必须被支付。法官最后表明,开证行授权保兑行承兑汇票,就必然要接受这些结果。法官也分析了"议付信用证",认为该类信用证中开证行向指定银行作出了到期前给付对价的明确授权,因此也就赋予了指定银行获得偿付的权利,即使议付后在到期日之前发生欺诈。

法院认为在一份保兑信用证中,开证行对保兑行作出的基本授权是:到期付款。开证行相应的偿付责任是:到期偿付。如果在到期前确定发生欺诈,那么保兑行则不再承担付款责任,开证行亦不承担偿付责任。英国上诉法庭判决如下:不可撤销延期付款信用证的开证行,可以受益人欺诈为由拒绝对保兑行偿付;尽管在欺诈发现之前保兑行已接受了单据并对受益人进行了付款,开证行仍然有权采取拒付行动。延期付款信用证不受《票据法》保护,为法官行使自由裁量权、随意解释信用证条款及运作原理提供了空间。如本案中,法院认为保兑行到期前对受益人的付款并不是真正意义上履行信用证项下的付款责任,保兑行贴现单据后即变成受益人到期获得付款的权利的受让人。延期付款信用证指定银行的权利不优于前手,即前手欺诈则受连累,受益人实施欺诈,其在信用证项下获得付款的权利因而被取消,融资银行也不能坚持要求偿付。承兑和议付信用证则无此后顾之忧。在承兑信用证中,由于使用流通工具,因此有关交易从信用证项下权利合法分离,叙做福费廷融资业务的银行享受欺诈例外的保护,因此承兑和议付信用证更能受到福费廷市场上融资银行的青睐。

案例22　买方承兑信用证(假远期信用证)与远期信用证

当事人

受益人:中国 B 公司
开证申请人:马来西亚 A 公司

案情

9月1日B公司与A公司签订出口贸易合同,双方商定支付方式为即期信用证结算。在合同中对支付条款规定:"Terms of payment:By Irrevocable Letter of Credit available by sellers' documentary draft at sight, to be valid for negotiation in China within 15 days after date of shipment. The Letter of Credit must reach the sellers 30 days before the contracted month of shipment."(付款条件:以不可撤销信用证凭卖方跟单即期汇票于装运日后15天内在中国议付到期。信用证必须于合同规定的装运月前30天开立到达卖方。)

B公司于9月20日收到A公司开来的信用证,信用证部分条款如下:"We hereby inform you that we have opened our irrevocable credit in your favour available for negotiation of your drafts at 90 days sight drawn on CitiBank Berhad."(兹通知我行已开立以你方为受益人的不可撤销信用证,凭你方出具的以马来西亚花旗银行为付款人见票90天到期的汇票议付。)显然这是一封远期信用证,违背了贸易合同的规定。B公司随即于9月21日向A公司提出修改信用证。

9月30日，B公司接到信用证修改函："…The above-mentioned Credit is amended as follows：Usance draft drawn under this letter of credit is to be negotiated at sight basis and discounted by us. All other terms and conditions remain unchanged."（……上述信用证修改如下：根据本信用证项下开具的远期汇票可按即期议付，由我行贴现。其余条款不变。）

B公司认为信用证已将远期汇票改为可以按即期议付，问题已解决，随即办理了装运，并向议付行交单办理议付。B公司最后收账时，发现入账的金额比原额少4 000多美元。有关人员经银行查对才知道系按信用证规定扣除远期信用证汇票贴现息和有关的费用。B公司与A公司交涉也无果，最后只好支付贴现息而结案。

分析

本案例的合同规定以即期信用证结算货款，但买方开来信用证却为90天远期信用证。B公司虽然在审证时发现问题，提出了修改信用证，但买方A公司没有将有关远期信用证的条款完全改为真正的即期信用证条款。本案例的修改条款是这样规定的："Usance draft drawn under this letter of credit are to be negotiated at sight basis and discounted by us."其意思是说，在该信用证项下开具的远期汇票可由开证行按即期贴现议付，但修改没有删除90天远期信用证的条款，其远期信用证性质并没有改变。在这种情况下办理贴现，当然银行只能向贴现者收取贴现息及有关费用，这是顺理成章的事。

本案中A公司在开立信用证时改变了原合同规定的信用证种类，将即期信用证（Sight Credit）改为远期信用证（Usance Credit）开出。在B公司提出修改信用证，而买方只修改为远期汇票由开证行贴现即期议付。从修改的形式貌似买方承兑信用证，俗称假远期信用证（Usance Credit payable at sight）。所谓假远期信用证就是受益人开具远期汇票，可以即期收款，其贴现息由开证申请人负担。所以假远期信用证必须具备两个条件：①信用证应明确规定受益人可以即期收款；②信用证应明确规定其贴现息及有关费用由开证申请人负担。如"The negotiating bank is authorized to negotiate the usance drafts on sight basis, as acceptance commission, discount charges and interest are for account of the buyer."上述条款就是说，除了规定其远期汇票可以按即期收款外，还强调承兑费、贴现息及利息由开证申请人负担。如果本案例的信用证能这样修改，其信用证就完全成为"假远期信用证"，对B公司来说，既可不负担贴现息，又可以按即期收回货款，这无异于即期信用证（之所以叫假远期信用证就是如此）。如果B公司接受的是这样的条款，本案例就不至于发生。

买方承兑信用证具有3个特征：开立远期汇票、银行对出口商即期付款、买方承担贴现利息和费用，因此兼有即期信用证与远期信用证的特点。于进口而言因其可以远期付款，故可将信用证看成远期信用证；于出口商而言，因其获得即期付款，可将信用证看成即期信用证，所以买方信用证又俗称为假远期信用证。

案例 23　信用证中的软条款

当事人

受益人:B 公司
开证申请人:A 公司
开证行:I 银行
议付行:N 银行

案情

B 公司向国外 A 公司出口一笔货物,A 公司开来信用证在特别条款中规定:"A quality certificate issued by the beneficiary must be countersigned by buyer's representative Mr. Richard, whose signature must be verified by opening bank, certifying the quality to conform to sample submitted on 10th July,2016."(受益人出具证明书须由买方代表理查德先生签字并证明品质符合 2016 年 7 月 10 日提供的样品,签字须由开证行验证属实。)B 进出口公司根据装运期的要求即办理了租船订舱,并按上述信用证条款于 9 月 1 日发电邀请对方代表来装运港验货,但时过三周一直未见买方代表来到。由于对方代表未到无法装船,只好向船方退载,结果向船方交纳空舱费 1 500 多美元。B 公司连续几次向 A 公司催促派代表,直至 11 月 1 日买方代表理查德先生才来到装运港,经过认真与样品核对认为符合要求并同意装船。B 公司随即出具证书,证明货物品质符合 2016 年 7 月 10 日提供样品的品质,该证书由买方代表理查德先生签字。

B 公司于 11 月 15 日装运完毕,11 月 20 日备齐所有单据向议付行 N 银行交单办理议付。I 银行于 12 月 10 日提出因单证不符拒付:"关于货物品质符合样品的证书,虽然已有买方代表理查德先生的签字,但经我行鉴定其签字并非本人签字,与我行备案的签字存样对照不一致,所以不符合信用证要求。单据暂在我行保管,速告处理意见。"

B 公司接到 I 银行上述拒付电后,欲追问买方代表理查德,但其已回国。经研究只好于 12 月 15 日经 N 银行向 I 银行答复如下:"该证书已经由买方代表理查德先生检验货物后并由其本人亲自签字了,如何能说签字非本人签的? 你信用证要求受益人出具证书,我按信用证要求的内容出具了;信用证要求由买方代表理查德先生会签,我们也已让其本人亲自会签。理查德先生只有一个人,怎能出现不同的签字呢? 因此我们完全不同意你行的意见,你行应该接受我单证一致的单据,按时付款。"

12 月 18 日 I 银行又来电提出:"你 15 日电悉。对于品质符合样品的证书由买方代表理查德签字问题,我银行不管其买方代表理查德先生是一个人还是两个人。但提请你方注意,我信用证规定："...whose signature must be verified by opening bank."（……他的签字必须由开证行核实。）申请人在开立信用证时曾提供其签字的样本在我行存案,而且我信用证明确规定你出具的证书会签的签字必须由我行核实,所以只有你方提交证书会签人的签字与我行存案的签字样本完全相符,该证书才能生效,但你方所提交证书的会签人的签字完全与我行存案的签字不符,所以不符合信用证要求。请速告知单据处理的意见。"

B 公司根据 I 银行上述意见与有关人员研究,从事件本身来说,对方毫无道理,因为本来该签字就是本人签字而偏要说成是非本人签字;但从开证行来说,因为信用证条款就是这样规定的,如果提供证书的签字与其存样不一致,就是单证不符,这已无法再反驳对方。B 公司又直接发电责问进口商 A 公司,为何理查德先生的签字与开证行存样的签字会不一致?买方一直不答复,而 I 银行又再三催促如何处理。B 公司为了避免货物遭到更大的损失,只好委托我国官方驻外机构直接在当地处理了货物而结案。

分析

本案例再次说明,审证工作是一项非常细致的重要工作。在审核信用证时,对一些不合理、不利于受益人、不易执行甚至根本无法办到的类似这样的"软条款",一定要认真地、仔细地审查,要求修改后才能进行装运。如本案例的 B 公司在审证时未审查出来,使其遭受损失的事故即接踵而来。

常见的信用证软条款有:

1.检验证由进口商出具和签署并由受益人会签,同时,其印鉴应与通知行持有的记录相符。这种条款对受益人很不利,因为主动权已掌握在对方手里,同时,不仅影响了议付时间,还容易造成了单证不符,而且还影响了银行与企业间的关系。因此,受益人应联系进口商通过开证行来函或来电修改或删除,以便受益人操作和安全及时收汇。

2.货物检验证明或货运收据由进口商或开证人授权的人出具和签署,其印鉴应由开证行证实方可议付的条款等。这些条款对受益人来说极为不利,因为进口商或进口商授权人如果不来履行就不能出具检验证书或货运收据,这必然影响货物出运。而且,即使进口商检验并出具了证书或货运收据,如果未经开证行证实,也会造成单证不符。

3.检验证由某某出具并签署,他们的印鉴必须由通知行证实。这个条款对受益人来说也是不利的,而且开证行并没有将印鉴资料寄给通知行,致使通知行无法证实。此外,根据《UCP600》的规定,通知行虽然应遵守合理谨慎的原则,检查其所通知信用证的表面真实性,以保护受益人的权益,但是没有义务审核某某进口商的印鉴。

4.货运收据由进口商或进口商授权的人出具并签署,其印鉴必须与开证行的档案记录相符。对于这个条款,受益人不能把握其印鉴是否相符,因此,出口商应联系开证申请人通过开证行来函或来电报修改或删除,以便安全及时收汇。

5.由进口商授权人出具并手签的货运收据,其印鉴必须符合信用证开证行的票据中心的记录。对于这个条款,受益人不能把握其印鉴是否符合,因此,应商议修改。由进口商授权人出具并签署的货运收据,其印鉴必须符合开证行持有的记录。对于这个条款,受益人同样不能把握货运收据上的签字和图章与开证行持有的记录相符,因此,应商议修改。

本案例的信用证条款:"受益人出具证明书,证明品质符合 2016 年 7 月 10 日提供的样品。证书并由买方代表理查德先生会签,其签字须由开证行核实。"买方开立信用证时向开证行提供的签字样本到底是什么样的签字,出口商无从掌握,是否可以付款只凭开证行随便一句话。其实质就是改变信用证的性质,失去了开证行保证付款的作用。

本案例的信用证开立这样的条款,说明 A 公司是蓄意设下圈套来欺骗出口商 B 公司。从案情分析,说明买方 A 公司在申请开立信用证时,故意向开证行提供了假的理查德先生签字样本存案,这样就会与理查德先生亲自签字不一致;或者就是理查德先生来装运港签字时故意签一个另一形状的签字,这样也会与开证行存案的签字不一致,使 A 公司造成单证不符,无法收汇。这样一来必然将 B 公司收款的主动权置于对方手中。另一主动权就是什么时候派来代表甚至不派来代表也是掌握在买方手中。不派来代表,等于信用证被撤销而无效。买方 A 公司开立这样的条款非常灵活,如欲使出口商 B 公司装运货物后无法收汇,则使用不同签字的方法,使其单证不符;如果欲使 B 公司不能装船,或拖延装船,则使用不派代表或晚派代表的方法,即可达到目的。所以说,进口商 A 公司是蓄意设下圈套来欺骗出口商 B 公司,而 B 公司又在审证时没有审查出来,所以才受骗上当了,由此可见审证的重要性。

案例 24　背对背信用证出口致损案

当事人

开证行:中国香港 I 银行

议付行:大连 N 银行

受益人:大连 B 公司

开证申请人:中国香港 A 公司

案情

香港 I 银行开出以大连 B 公司为受益人,金额为 USD12456635 的信用证,申请人为香港 A 公司。B 公司备好信用证项下所要求的全套单据交大连 N 银行审核。N 银行在审核单据时,发现:提单"Pre Carriage"一栏显示船名"T-STAR-1578","Place of Receipt"一栏空白,"Vessel(Voy No.)"一栏显示船名"SUN FLOWER 1718","Port of Loading"为 DALIAN,"Port of discharge"为 PINANG MALAYSIA(马来西亚槟城)。于是 N 银行向 B 公司提出:提单载货船名不明确,要求 B 公司修改提单,或在提单作装船批注时注明在装货港所载船名。但 B 公司未采纳 N 银行建议,认为进口商可信赖并指示 N 银行寄单。不久,N 银行收到 I 银行不符点通知电:B/L showing two vessels,but the on board notation have not indicated which vessel the goods have been loaded",并以此拒付。

经 B 公司与 A 公司多次交涉,A 公司通过 I 银行来电提出扣款 USD12457 修改 B/L 作为付款条件。B 公司感到全额收款无望,只好接受条件 A 公司条件,最终以扣款 USD12457 收汇。

分析

该信用证的开证行在我国香港,卸货港却在马来西亚,由此可断定本信用证属对背信用证。开证行 I 银行提出修改卸货港,但此时 B 公司已委托 N 银行向 I 银行寄单。修改书在寄单之后到达,按照国际惯例 N 银行可不理会,但 I 银行一再坚持修改卸货港。I 银行之所以坚持修改卸货港,是因为原信用证开证行提出修改卸货港。本信用证开证行 I 银行在公司未能接受修改的情况下,担心原信用证开证行拒付,借口以 B/L 不符提出拒付,这才是真正的拒付原因。

启示

1.背对背信用证并无充分的银行信用保证,因此背对背信用证在形式上和做法上,与一般信用证并无二样。在实践中,经常碰到开证行在背对背信用证中声明:本信用证是根据某银行某号信用证开立的背对背信用证,开证行收到受益人交来单据后,进行换单,并寄往原信用证开证行,必须等到原信用证开证行接受单据并付款后,方能对受益人付款。实际上,已失去了背对背信用证作为独立信用证的意义,等同于可转让信用证。有的开证行虽未在背对背信用证中规定类似转让信用证的付款条款,但却在收到信用证受益人提交的单据后,千方百计找不符点,拖延付款,等单据到达原信用证开证行后,由原证开证行是否付款决定自己是否付款。

2.经营进出口贸易的企业在办理出口贸易业务时,要严格审核信用证条款及单据,做到单证相符。不能抱侥幸心理,草率寄单。办理国际贸易结算的银行应谨慎议付背对背信用证,尤其是议付发达国家和地区的来证更要谨慎受理。

3.银行处理的是单据,而不是货物、服务或其他行为。在信用证业务中,信用证中各方所遵循的是《跟单信用统一惯例》,而不是任何一个国家的法律。只要信用证中标明按《跟单信用统一惯例》办理,有关当事人均受《UCP600》约束。《跟单信用统一惯例》中规定各有关当事人所处理的只是单据,而不是单据所涉及的货物、服务或其他行为。履行付款责任的是开证行而不是进口商。开证行付款的依据是收妥合格的单据,即与信用证条款相符的单据。即使出口商提供的货物质量上乘,又按信用证的要求履行了自己的义务,但所提交的单据存在不符点,开证行就可以此拒付。

4.惯例不等于法律。确定信用证所规定的单据表面与信用证条款相符合的依据是《跟单信用统一惯例》所体现的国际标准银行实务,只要单据之间表面互不一致,即视为表面与信用证条款不符,不管实际情况如何,而不是依据任何一国的法律条文。法律以事实为依据,法院以当事人是否发生某种行为,且发生的行为是否合法来裁判。《跟单信用统一惯例》

只是一种信用证各当事人受其约束的惯例,不是一部国际性法律,不能凌驾于法律之上。所谓单证相符之证明,只能作为法庭上的呈堂佐证,作为法院判案的参考。我国经营进出口贸易的企业必须清楚认识到:惯例不等于法律,当遭遇开证行拒付时,即使在官司中胜诉,由于双方在不同的国家,执行起来也很困难。只有提交与信用证条款相符的单据,才是安全收汇的保证。

案例 25 通过 DOCDEX 规则解决信用证争议案

当事人

开证申请人:中国 A 公司
受益人:日本 B 公司
开证行:中国 I 银行
议付行:日本 N 银行

案情

我国 A 公司与日本 B 公司签订了设备买卖合同,合同中的索赔条款规定:"如果 B 公司在 A 公司发出索赔通知 30 天内没有答复,视为 B 公司接受索赔;如果 B 公司没有在 A 公司发出索赔通知 30 天内或 A 公司同意的较长时间内以 A 公司同意的上述方式之一解决索赔,A 公司有权从议付款项中扣除索赔款项。"A 公司按时向银行申请开立信用证,并在信用证中依约加列了一条特别条款:"开证行 I 银行有权直接根据申请人的申请从上述议付款项中扣除索赔款项。"受益人 B 公司和议付行接受了信用证,对其中的特别条款未提出任何异议。B 公司发运设备后,凭单议付取得了第一笔货款。设备经安装调试后,A 公司发现设备存在严重质量问题。A 公司遂向 B 公司提出索赔,但 B 公司借口推脱责任。B 公司于是在信用证项下的第二笔付款到期前通知开证行,要求按照特别条款扣除索赔款,因为索赔款大于第二笔议付款项,因此,实际上第二笔议付款停止支付。B 公司对中方的索赔要求一再拖延,也未派人来面谈解决方案,并坚持信用证的特别条款无效,不符合国际惯例。他们只是通过议付行 N 银行一再向开证行 I 银行要求付款,同时派人到我国与 N 银行的代表一起要求 I 银行付款,并游说有关金融监管部门给 I 银行施加压力。

I 银行同意 A 公司的要求停止了对外支付,同时出于商业上的考虑,担心这样做会影响我国银行在国际上的声誉,A 公司和 I 银行决定尝试将争端提交国际商会,并通过其 DOCDEX 规则来寻求解决的办法。首先,I 银行建议日本 N 银行将争端提交国际商会解决,但没有得到日本 N 银行的同意。在此情形下,A 公司和 I 银行达成共识,将此事提交国际商会国际专家中心,按照 DOCDEX 规则做出决定。

A 公司以自己的名义向国际商会提出了解决争端的申请,开证行作为相关方参与 DOCDEX 程序。最终国际商会支持了 A 公司和 I 银行停止支付信用证项下第二笔款项的做法,认为该信用证中的特别条款虽然是不常见的条款,但其已被写入信用证并被对方接受就是有效的条款。

尽管 DOCDEX 决定不具法律上的约束力,但因其权威性而得到普遍的遵守。后来 B 公司不得不认真解决设备的质量索赔问题,使该争端得到圆满的解决。该案耗时仅 3 个月,相对仲裁和诉讼而言费用也少得多,全部费用为 1 万美元,有效地解决了一起涉及信用证金额 300 多万美元的争端。

分析

国际商会的 DOCDEX 规则的全称为"国际商会跟单票据争议专家解决规则"(Rules for Documentary Instruments Dispute Resolution Expertise,ICC Publication No.811),是由国际商会的银行技术与实务委员会(ICC Commission on Banking Technique and Practice,简称银行委员会)制定并于 1997 年 10 月公布实施的,2002 年 3 月修订,解决由于适用"跟单信用证统一惯例"(Uniform Customs and Practice for Documentary Credits,UCP)和"跟单信用证项下银行偿付统一规则"(Uniform Rules for Bank-to-Bank Reimbursements under Documentary Credits,URR)而引发的争议。

根据此规则,信用证当中的任何一方当事人与其他当事人就信用证产生争议时,可以向国际商会设在法国巴黎的国际专家中心(International Center for Expertise)提出书面申请,由该中心在银行委员会提名的一份专家名单中指定 3 名专家,根据当事人陈述的案情和有关书证,经与银行委员会的技术顾问(Technical Adviser)协商后,就如何解决信用证争议以该中心的名义做出决定,称为 DOCDEX 决定。

与诉讼、仲裁等方式比较而言,按 DOCDEX 规则解决信用证争议有以下特点:

1.它是专为解决与信用证有关的争议而制定的一套规则,且仅适用那些适用 UCP 和/或 URR 的跟单信用证纠纷。

2.无须当事人之间有专门的解决争议的协议,即可将争议提交国际商会的国际专家中心,按照 DOCDEX 规则解决。无论对方当事人是否同意,专家中心最后都会按 DOCDEX 规则和程序做出决定,而不像仲裁协议是仲裁管辖权的来源和基础。

3.DOCDEX 决定不具法律约束力,但具有很高的权威性。根据 DOCDEX 规则的规定,除非当事人之间另有约定,否则 DOCDEX 决定对各当事人是不具法律上的约束力的,只代表一种专家意见,但由于它同时也代表了国际商会银行委员会的意见,而且那些专家在信用证、UCP 和 URR 方面都具有丰富的经验和渊博的知识,在案件审理的过程中要求所指定的专家做到独立、公正、及时,并不允许与有关当事人接触,审理该案件的专家的姓名等情况对当事人都是严格保密的,因此 DOCDEX 决定具有很高的权威性。这是 DOCDEX 规则赖以解决争议的基础。即使当事人之间的争议走到诉讼或仲裁的地步,DOCDEX 决定也会得到法官或仲裁员的尊重,进而可能被采纳为法官的判决或仲裁员的裁决而具有法律上的约束力。

正因为如此,DOCDEX 决定通常都能得到当事人的遵守,比如上述案例中的 B 公司在得知 DOCDEX 决定后就不得不认真解决设备的质量索赔问题,使该争端得到圆满的解决。

4.DOCDEX 程序简便快捷,费用合理。DOCDEX 程序以一方当事人提出书面请求开始,国际专家中心在收到请求和标准费用后,将通知对方当事人在规定的时间内提交答辩。全部程序只通过书面进行。规则要求专家在收到全部材料 30 天内提出专家意见,然后经与银行委员会的技术顾问协商后,作为 DOCDEX 决定发布。整个程序不过两三个月时间,标准费用为 5 000 美元。如果涉及的信用证金额超过 100 万美元且案情复杂,可加收 5 000 美元,因此最高费用为 10 000 美元。

案例 26 误解《UCP600》致损案

当事人

受益人:中国 B 公司

开证申请人:沙特 A 公司

开证行:沙特 I 银行

议付行:中国 N 银行

案情

国内 B 公司向 A 公司出口竹笋罐头,国外开来信用证在装运条款中规定:"Shipment from Shanghai to Damman by a steamer is not over 15 years of age, not later than 28st Feb, 2016."(从上海港至达曼港,装运船只不超过 15 年船龄,装运期不迟于 2016 年 2 月 28 日。)

B 公司根据合同和信用证要求于 2 月 10 日装运完毕,2 月 11 日即备齐所要求的各种单据向议付行 N 银行交单。N 银行经审单后提出,为落实信用证装运特别条款,应提供由轮船公司出具的不超过 15 年船龄的证明。B 公司即与外轮代理公司联系要求出具船龄证明。但外轮代理公司不同意出具,理由是:B 公司在托运单(Shipping order)上并未要求如此条款,而且货物需要在香港转运,转运后的船只无法确定,船龄也就无法确定。

B 公司将上述情况与 N 银行研究,N 银行认为如不提供由不超过 15 年船龄的船装运的证明,明显与信用证不符,最后由 B 公司出具补偿保证书,由 N 银行于 2 月 15 日向开证行寄单,在面函上提出其不符点内容及"凭担保议付"。单寄到开证行 I 银行,I 银行于 3 月 1 日即提出:"第××××号信用证项下第××××号单据已收到。根据议付行面函(Covering Schedule)所提出的不符点不能接受。单据暂代保管,请告单据如何处理。"

B 公司于是邀请有关专家对本案情加以分析,经研究认为:在议付当时出具不符点的补偿保证书,"凭担保议付"的做法是错误的。信用证虽然规定由不超过 15 年船龄的船装运,但未规定有关落实该条款的单据,对这种非单据化的条款,B公司可不予理睬。所以说原单据仍然是单证相符,B公司与N银行主动制造了单证不符的说法,向I银行"表提"寄单,请求开证行通融接受的做法是错误的。

B公司正准备根据上述分析向I银行申诉单证相符的意见时,3月6日又接到I银行来电称:"2月27日我行接到第××××号信用证项下的你方单据,根据议付行面函提出单据的不符点情况,我行即与申请人商洽,结果无法接受单据,故我行于3月1日即电告你方不能接受单据。但随后我行经审核单据,发现你方提交的单据中商业发票的商品名称与信用证不符。信用证规定:'Canned Bamboo Shoots'而你发票为'Canned Bamboo Shoots Shredded'。请速告对单据处理意见,现暂代保管单据。"

B公司随即查核原单据留底,发现发票的品名比信用证多了"Shredded",这就是说,信用证规定的品名为"竹笋罐头",实际货物的品名为"竹笋丝罐头"。B公司有关人员当时认为信用证品名是属统称,发票和其他单据是按实际货物名称出具,并未超出信用证规定范围。如果按信用证规定品名出具单据,我方商检局出具的品质检验证书只能按实货名称出,不会同意按信用证规定的名称出证,又会造成单与单之间的不一致,所以当时才按实货名称制单。

B公司最后于3月10日通过N银行向I银行补寄正确的发票,同时向I银行指出关于装载不超过15年船龄的所谓不符点实属误解。

3月15日,I银行又来电提出:"你3月10日补寄来第××××号信用证项下更正发票,虽然已收到,但你于本信用证规定3月3日前交单有效期之后寄单,我行无法处理超过最迟交单期后寄来的单据。单据仍在我行暂时代保管,速告如何处理。"

B公司无奈只好同进口商商洽,以降价10%而结案。

分析

红海、波斯湾等一带国家由于港口经常拥挤,拖延卸货时间,延长船舶周转期,许多船公司均倾向于派旧船到上述国家的港口卸货。所以上述国家来证经常规定装运船只为不超过15年船龄的新船。一般信用证这样规定:"The Bills of Lading or shipping agent's certificate must certify that the carrying steamer is not over 15 years of age."(提单或运输代理人出具证书必须证明装运船只不超过15年船龄)。上述条款则必须在提单上证明或由船方代理人单独出具证明书予以证明,否则就是单证不符。而本案例的信用证只规定装运船必须由不超过15年船龄的船只装载,并未规定在提单上证明或单独出具证书证明该条款。根据《UCP600》相关条款规定:"如果信用证中列有一些条件,但并未叙明应予提交的符合信用证条款的单据,银行将认为未列明这些条件,且对此不予理会。"所以非单据化的条件可以不被其他当事人理睬。

本案中B公司原本就是单证相符,可以正常议付,而I银行及B公司没有掌握《UCP600》的精神,却将单证相符的单据冠以"单证不符"之名,出具补偿保证书,采取"凭担保议付"方式要求开证行通融接受,授人把柄。

　　因为 I 银行对单据是否接受应完全以单据为依据,所以信用证项下的业务,I 银行首先必须在接到单据后立即全面审核单据,以单据是否在表面上符合信用证为依据来确定是否接受单据或拒受单据。不能仅依据 N 银行面函所提出的不符点而匆匆提出拒付通知。因此 I 银行的错误在于提出拒收单据仅凭 N 银行的面函,自己没有在审核单据是否确实不符合信用证规定之后提出,这是错误之一。由于这一点错误做法,又产生第二点错误。先提拒收单据的通知后才审核单据又发现另一不符点——发票品名与信用证不符,又再次向 N 银行和 B 公司提出,造成二次提出,这又违背《UCP600》规定通知拒收单据的不符点必须全部一次提出。I 银行分二次提出应属无效,这是 I 银行错误之二。B 公司也未掌握这个规定,反而又通过 N 银行补寄更正发票,这意味着接受 I 银行第二次提出的不符点。I 银行的第三点错误是误解了《UCP600》下的审单原则,《UCP600》已将《UCP500》下的镜像原则更改为不矛盾原则,竹笋丝罐头仍然属于竹笋罐头,两者并不矛盾,属于相符交单。

　　本案中 3 个主要当事人均对《UCP600》的规则不熟悉,对非单据条件的无效性和《UCP600》下的审单原则并未掌握。N 银行误导了 B 公司,B 公司自身在业务中也出现了失误,信用证规定必须由不超过 15 年船龄的船只装运,理应在租船、配舱的托运单(Shipping Order)上明确标明,以便船方或其代理在配船时掌握。本案例信用证由于巧合属于非单据化条款,如果信用证明确要求提供船方证明文件,B 公司不在托运单上标明,仍然是个大事故。I 银行在收到 B 公司补寄发票的同时申述了非单据化条款的无效异议后,在回复电文对此只字不提,又以信用证过期为借口,坚持不接受,以达到拒付的目的。这说明开证行对我方错误地提出"凭担保议付"心中有数,并利用我方的错误,在未审核单据前急不可待地发出拒收单据的通知。

　　信用证规定的商品名称与实货不一致,在审查信用证时理应提出研究,必要时(如商检证书不能按信用证错误品名出证)则提出修改信用证,如果不修改,则所有单据就要将错就错地全按信用证要求出具。B 公司既不修改信用证又不按信用证规定出单,相当于刻意制造事故。

案例 27　对开信用证下打包放款致损案

当事人

原始信用证开证行、贷款行:大陆 OI 银行

原证申请人:大陆 OO 公司

原证受益人:台湾 OB 公司

回头证开证行:台湾 RI 银行

回头证开证申请人:台湾 OB 公司

回头证受益人:大陆OO公司

案情

广东某服装厂与我国台湾地区商人合资建立服装有限公司OO公司,其中,广东某服装厂以土地、厂房等作价出资,台商以设备作价出资。合资企业成立之后,产品以外销为主,少部分在国内市场销售,但是,服装的原材料却是由台商提供,广东某服装厂只负责生产加工成服装。

2012年3月,OO公司接到一份夹克衫的出口订单,台商提供原材料,广东某服装厂负责加工。3月24日,OO公司要求当地的OI银行提供12万美元贷款,用于向台商开立购买布匹原材料的信用证,OO公司愿意以该台商申请台湾RI银行开出的以OO公司为受益人的出口信用证作为抵押,两张信用证金额相同。考虑到OO公司的信誉评估良好,OI银行提供了这笔流动资金的融资要求。但OI银行对此信用证的生效条款作了限制性的规定:"This credit is not available unless and until the reciprocal credit is established by RI Bank in favor of OO Co., Ltd. for the amount of \$120 000 covering shipment from Xiamen to TaiPei."(本信用证只在收到以本证受益人为开证申请人通过其台湾的银RI行开出的以本证开证申请人OO公司为受益人、开证金额为12万美元的对开信用证时方能生效,对开信用证涉及的货物运输是从厦门到台北。)

5月12日,OI银行收到台湾RI银行开来的信用证,有效期至7月10日。两证同时生效。

6月17日,台方出口原材料后,备齐信用证要求的所有单据,到RI银行议付了货款。

6月25日,OI银行收到RI银行提示的单证相符的单据,审核无误后偿付了RI银行。

6月28日,离台方开来的信用证的有效期只差3天,仍不见OO公司来OI银行办理出口议付手续,OI银行联系OO公司后才发现该公司早已将信用证项下的成品夹克衫发运给了台商,单据也自行寄给了台商,而台商提货后并未支付这笔货款。至此,OI银行对OO公司的这笔12万美元的贷款成了完全无抵押、无担保的商业信用贷款,因为留在OI银行处的出口正本信用证已毫无作用。

OI银行后来又多次向OO公司催还贷款,但因OO公司无钱可还,OI银行的这笔贷款一直做挂账处理。两年后OO公司经营不善,资不抵债,被法院宣布破产,OI银行的这笔贷款只能作为破产债权处理,损失了8万美元。

分析

本案涉及的是一笔典型的对开信用证业务,由于OO公司未按信用证要求交单,致使银行损失了8万美元。对开信用证(Reciprocal Letter of Credit)是指在易货贸易中进出口双方通过相互向对方开立信用证而进行结算的一种方式。其特点是第一张信用证的开证申请人和受益人分别是第二张信用证的受益人和开证申请人,而第一张信用证的开证行和通知行分别是第二张信用证的通知行和开证行;两张信用证的金额大体相等或完全相等;可以同时互开,也可以分别先后开立,后开信用证加列如下条款表示两者的联系:"This is a reciprocal credit against ×× credit No. ×× favoring ×× covering shipment from ×× to ××."

对开信用证的生效时间是一个比较重要的问题,因为这关系到一方是否要承担另一方不按时履约或不履约的风险。规定对开信用证的生效时间有两种方法:一是进出口两张信用证同时生效。先开的信用证暂不生效,须对方银行开来另一张信用证后,经受益人接受并由第二张信用证的通知行通知第二张信用证的开证行时,两证同时生效;二是进出口两张信用证分别生效。但这种分别生效的对开信用证只有在易货贸易双方互相信任的情况下才会开出,否则先开证的一方就要承担对方不开证的风险。有时,第二张信用证金额不足时,可以通知对方银行第一张信用证先生效一部分,以后信用证陆续开来时,再相应通知第一张信用证逐笔分批生效。对开信用证目前在我国多用于来料加工和来件装配业务中。

本案例是一笔两证同时生效的对开信用证业务,而且加列了生效条款,这实际上是 OI 银行向 OO 公司提供的以出口信用证为抵押的短期信贷。按理说,一般情况下,这种贷款业务的风险不大,只要 OO 公司能正常生产,按要求加工夹克衫,按期装运并在信用证要求的期限内提示单据,出口收汇不成问题,OO 银行收回贷款也就不成问题。但由于 OO 出口后不向 OI 银行交单议付,而是把单据直接寄给了台商,致使收不回货款,使得公司本身和银行都损失惨重。

另外,国内银行也应该从本案例中吸取一些教训:

1.对外放贷要慎重。在对外放贷时,一是要考虑企业的还贷能力。在我国吸引外资的过程中,难免会存在盲目性,许多地方只是制定优惠政策,为了引资而引资,在设立合资企业的过程中,对外方投资者以设备出资的评估掌握不严,高估设备价款,使得外方投资者以出售设备为目标,从中渔利,根本就没有把工作重心放在合资企业的经营上。合资企业成立后,经营不善,管理不善,长期亏损,对这类合资企业的贷款,要格外慎重。二是向企业贷款时,要考虑企业管理层的人员素质和经营管理能力。

2.掌握贷款的用途。为了保证能按期、按量收回贷款,银行必须跟踪贷款,随时掌握贷款的用途,在贷款快要到期时,做好催还贷款的工作。

案例28 商业发票与信用证是否相符争议案

当事人

受益人:我国 B 公司

开证行:英国 I 银行

议付行:我国 N 银行

案情

我国 B 公司向英国某公司出口一批冻肉,2012 年 5 月 9 日由 I 银行开来一份不可撤销的即期付款信用证。信用证对有关部分条款规定:"85M/Tons of Frozen Partridge. GBP 500 per M/Ton CIF London, The specifications of goods should conform with the stipulation of contract No.LDO—05345 dated 13th Apr.2012. Signed commercial invoice in triplicate."(85 公吨冻松鸡,每公吨 500 英镑,CIF 伦敦。货物的规格必须符合 2012 年 4 月 13 日第 LDO—05345 号合同规定,签字的商业发票一式三份)。

B 公司于 5 月 22 日按时办理了装运,因信用证对商品的规格仅要求符合合同规定,没有具体指定,有关单证人员在缮制单据时,将实际检验结果与合同对照,证实符合合同规定时,在商业发票上将其规格表述如下:"Feathers on, neat and intact, with viscera, without distinction as to sex, 0.5 kg net min. per brace."(羽毛整洁,带内脏,不分雌雄,每对净重 0.5 千克以上)。认为这样既是实际货物规格,也符合合同规定,又满足了信用证要求。B 公司于 5 月 24 日向 N 银行交单议付,6 月 10 日却接到 N 银行转来 I 银行的拒付通知:

"你第××××号信用证项下的单据经我行审查,发现如下单证不符:

1.我信用证规定:货物的规格必须符合 2012 年 4 月 13 日第 LDO-05345 号合同规定。但你发票上表示:'羽毛整洁,带内脏,不分雌雄,每对净重 0.5 千克以上。'从你方单据上无法证实该规格是否符合 2012 年 4 月 13 日第 LDO-05345 号合同规定。

2.我信用证规定:签字的商业发票一式三份,而你方提供的商业发票并未正式签字,却盖以图章代替签名,所以不符合我信用证的要求。

以上不符点已经与申请人联系,亦不同意接受。单据暂代保管,听候你方的处理意见。"

B 公司有关人员研究认为 I 银行所提的意见不能成立。对于商业发票上规格描述的问题,商业发票上所表示的规格并没有与合同规定有丝毫的差异,这样既符合合同规定,又满足了信用证要求,对方完全是无理挑剔。对于签字问题更无道理。B 公司于 6 月 12 日即通过议付行向开证行提出反驳意见:

"你 6 月 10 日电悉第××××号信用证项下的单证不符,我方认为:

1.你信用证规定:货物的规格必须符合 2012 年 4 月 13 日第 LDO-05345 号合同规定。但我们买卖双方合同上规定的规格就是'羽毛整洁,带内脏,不分雌雄,每对净重 0.5 千克以上'。我商业发票上也是如此描述,事实上说明我商业发票已满足了你信用证要求。

2.关于商业发票签字问题,你信用证规定提供签字的商业发票,并没有特别指定需要手签,《UCP600》第 18 条 a 款规定商业发票无须签字,因此,我们认为你方所提出的单证不符不能成立。"

6 月 15 日又接到 I 银行的回电:"你 6 月 12 日电悉。关于第××××号信用证项下商业发票上的商品规格问题,我银行不管你买卖双方合同对规格是如何规定的,只管你单据表面上与信用证条款是否相符。虽然信用证对该合同作了援引,但我行与该合同毫不相关。我行只判断单据的表面与信用证条款相符,即信用证规定货物规格符合合同规定,只要你单据也能证实规格符合了合同规定,这就满足了信用证的要求。即使你发票上所描述的规格事实上是符合合同规定,而从表面上无法说明它符合合同规定,就是不符合信用证要求。因此我行与申请人均无法接受单据,速告单据处理的意见。"

B 公司接到 I 银行复电后,组织有关人员与议付行研究,一致认为按照《UCP600》第 14 条 d 项的审单原则("Date in a document, when read in context with the credit, the document itself and international standard banking practice, need not be identical to, but must not conflict with date in that document, any other stipulated document or the credit.")并非要求单证严格相符,只要不矛盾即可。本案例中既然信用证未指明具体的产品规格,自然得不出商业发票中的产品规格与信用证相矛盾的结论,因此开证行的拒付不合理。于是 N 银行致电 I 银行据理力争,最终为 B 公司获得了全额付款。

分析

对于本案例的货物规格问题,信用证规定"货物的规格必须符合 2012 年 4 月 13 日第 LDO-05345 号合同规定。"如果在商业发票上也照样表示:"货物的规格必须符合 2012 年 4 月 13 日第 LDO-05345 号合同规定。"似乎单证相符,但不列出具体货物的规格,这样缮制的方法实在不成为商业发票,因为商业发票是买卖双方交接货物和结算货款的凭证和装运货物各细节的总说明,而且规格又是商业发票的主要项目之一,所以 B 公司的单证人员只好将货物的规格如实地表示在商业发票上,认为这样既满足了商业发票的要求,又与合同一致,也符合信用证的规定,最终引起了纠纷。

正确的缮制方法应该这样表示:

"Specifications of goods:

Feathers-on, neat and intact, with viscera, without distinction as to sex, 0.5 kg net min per brace.

The above specifications conform to the stipulation of contract No. LDO-05345 dated 13th Apr, 2012."

(货物规格:羽毛整洁,带内脏,不分雌雄,每对净重 0.5 千克以上。上述规格符合 2012 年 4 月 13 日第 LDO—05345 号合同规定。)

这样才真正做到了既满足商业发票的需要,又符合信用证的规定。如果在缮制商业发票时能如上表示,则单证不符就不会产生,因为货物规格问题是本案例的真正单证不符,而商业发票签字问题是开证行无理挑剔。

《UCP600》规定:"单据的签字可以手签、传真签字、穿孔签字、印戳、用符号或使用任何其他机械或电子证实方法签字。"从本条文来看,信用证规定单据的"签字",银行应该接受使用印戳式的签字或采用加盖"符号"作为有效的签字。但对于"符号"的含义,根据国际商会出版物第 511 号解释,"符号"就是使用在亚洲传统的"印戳标记(Chop mark)"。商业发票虽然在结算单据中是一种主要的单据,但它究竟不是物权凭证,所以《UCP600》规定:"除非信用证另有规定,商业发票无须签字。"即使物权凭证如提单等,对于签字的问题,在联合国的《汉堡规则》第 14 条也规定:"提单上的签字,可以是手写、印戳、打孔、盖章、符号或不违反提单签发所在国的法律而使用任何其他机械或电子的方法。"

世界各国对单据签字是否可使用图章式签字的问题,认为如果与签发单据的所在国的法律不违背，则可以接受。何况《UCP600》规定："银行对任何单据的形式或法律效力概不负责。"

如果对单据要求必须用手写签字，信用证应该在条款中明确规定"Commercial invoice to be signed by handwriting"。本案例的信用证仅规定："Signed commercial invoice in triplicate"，B公司用图章式的签字已经满足了信用证的要求。

案例29　单单是否相符争议案

当事人

受益人：中国出口商B公司
申请人：国外A公司
开证行：英国I银行

案情

2018年5月我国B公司对国外A公司出口一批香菇。国外A公司开来信用证中有关部分条款规定："500 cases of Dried Mushrooms, Packing:In wooden cases each containing 10 polythene bags of 3 kgs. net each. Shipping Mark to be 'B. O. /LONDON'"（500箱香菇，包装：木箱装，每箱装10聚乙烯袋，每袋净重3千克。运输标志为"B.O./LONDON"。）

B公司根据该信用证规定于6月9日装运完毕。11日对外寄单。6月18日却接到开证行I银行拒付电：

"你第××××号单据经我行核对，发现如下不符点：

1.发票对货物包装规格表示：'…In wooden cases each containing 10 polythene bags of 3 kgs. net each.'包装单上对包装规格却表示为：'…In wooden cases each containing 10 polythene bags of 3 kilos net each.'

2.提单、发票、保险单和检验证书上对运输标志都表示'B.O./LONDON'。唯独包装单上的运输标志为'AS PER INVOICE'。因此，单单不一致。

以上不符点经联系申请人亦不同意接受。单据暂代保管，如何处理听候你方复电。"

土产进出口公司对开证行的意见认为完全是挑剔，经研究于19日作如下反驳：

"你18日电悉。你行所谓的单单不一致，我们认为不成立：

1.我发票上的包装规格表示'…In wooden cases each containing 10 polythene bags of 3 kgs. net each.'包装单上对包装规格表示为'…In wooden cases each containing 10 polythene bags of 3 kilos net each.'两者根本一样，其中所差别的就是发票上表示'kgs.'；包装单上表示'kilos'。两者都是'kilograms'的缩写。从概念上讲两者没有丝毫差别。

— 74 —

2.我包装单上运输标志栏表示'As per invoice'，也就是说我包装单上的运输标志和发票上所表示的运输标志是一样的，即发票表示为'B.O./LONDON'，包装单也是'B.O./LONDON'。

根据以上所述，我们认为单单是一致的。"

开证行于6月24日又来电：

"你19日电悉：

1.据你解释'kgs.'与'kilos'的概念是一样的，而我行认为两者的含义并不完全一致，这导致了单与单之间的不符。

2.我信用证明确规定有具体的运输标志，你所有单据都依照信用证规定作了表示，而唯独包装单所表示的与其不一致。即使按你方所解释'As per invoice'（按照发票）就是发票所表示的运输标志一样，那么又与哪一张发票一样？包装单上并未说明'按照第×××号发票一样'。

因此，单单明显存在不符。速告对单据处理的意见。"

对此B公司据理力争，6月26日即回电反驳I银行："你24日来电称我公司提供的单据与单据不符合，然而根据《UCP600》的审单标准，单据与单据之间在内容上并非完全一致，只要单据之间的内容不互相矛盾即可。另外关于运输标志，我公司提供的所有发票唛头均一致，即B.O./LONDON，并无矛盾可言。"

后来开证行I银行终于承认B公司的相符交单，指定中国相应的付款行对B公司付款。

分析

在国际贸易结算中，制单工作就是要单据与信用证、单据与单据之间的严格一致。本案例的发票在包装规格中既然按信用证规定表示"kgs."，为什么在包装单上不一样也表示"kgs."，而另出主意表示为："kilos"？"kgs."与"kilos"虽然含义都是"千克"的意思，但两者不是一点区别没有。严格说，"kgs."是"kegs"和"kilograms"两个词的共同缩略语，如果作为"kilograms"的缩略语时，它的含义才是"千克"。如果作为"kegs"的缩略语，则是容器"桶"之意。而"kilos"是一个词，有两个意思：①公斤，千克；②公里，千米。所以信用证规定为"kgs."，当然所有的单据都应该一律表示"kgs."。B公司在包装单上不依照信用证规定却以"kilos"表示是不应该的。如果按照以往《UCP500》制定的审单标准，I银行很可能不会让步，B公司最终将被拒付。

运输标志在单证实务中是一重要的项目，所以在单证实务中，一切单据都必须详细、正确地列出。尤其是信用证规定有具体的运输标志时，更应严格按所规定的图形、文字内容照样表示。目前许多企业的单证人员为了省事，在除了运输单据和发票外的其他单据中，经常不表示具体的运输标志，仅表示"As per invoice No.××××"（按照第××××号发票）而了事。这样做的目的当然是为了省事，其实并不省事。以本案例来说，信用证规定的运输标志"B.O./LONDON"，连符号共11个字母；如果表示"As per invoice No. ××××"则需要打印更多的字母，所以说并不省事反而多打字。既然B公司的单证人员不表示发票号码，仅表示"As per Invoice"的做法，并不少打字母，那又何必不照信用证规定而表示为"B.O./LONDON"呢？

案例 30　交单起算期出错致损案

当事人

受益人：中国出口商 B 公司

开证行：马来西亚 I 银行

开证申请人：M.Y.O 公司

案情

中国 B 公司向马来西亚出口一批装饰花瓶，信用证规定："20 cartons of Vase with Plum Flowers. Air waybill for goods consigned to M.Y.O Co, Ltd quoting our credit number. Shipment from Shanghai to Pinang cannot later than Apr.10, 2015. Documents to be presented to negotiating bank within 5 days after date of shipment. Signed packing list in duplicate."（20 箱花瓶，以 M.Y.O 公司为收货人的空运运单注明我信用证号码。装运不晚于 2015 年 4 月 10 日从上海至槟城。所有的单据须于装运日后 5 天内向议付行交单。签字的包装单一式二份。）

B 公司在 4 月 2 日向机场办理装运手续，并取得 4 月 5 日签发的空运运单。但因连日暴风雨延至 4 月 9 日才起飞。B 公司于 4 月 11 日向议付行交单。议付行接到 B 公司的单据并审查未发现其他问题，即向开证行寄单。

4 月 20 日接到开证行来电称：

"第××××号信用证项下第××××号单据已收到，经审查有如下不符点：

我信用证规定装运日后 5 天内交单，但你提交空运运单签发日为 4 月 5 日，根据议付行寄单日与你汇票出具日均为 4 月 11 日，证明你于 4 月 11 日才交单。4 月 5 日距 4 月 11 日已超过 5 天，不符合信用证规定。

单据暂代保管，请速告处理意见。"

B 公司认为对方所提出的不符点不成立，经研究后于 4 月 22 日作如下反驳答复：

"你 4 月 20 日电悉。关于所谓不符点问题，我们认为：我方所提供的空运运单虽然签发日期为 4 月 5 日，但实际起飞日期是 4 月 9 日，我公司于 4 月 11 日向议付行交单，4 月 9 日距 4 月 11 日仅两天时间并未超过 5 天，符合信用证要求。

因此，所谓不符点是不成立的。请按时付款。"

反驳电发出后，4 月 24 日又接开证行电："你 4 月 22 日电悉，即使航班实际起飞日期是 4 月 9 日，但你方未在空运单上备注实际发运时间，我们只能以空运单签发的日期作为起运日，所以构成单证不符。请速告单据处理意见。"

B 公司根据 I 银行上述意见，认真研究《UCP600》条文的要求，又进一步与议付行探讨，才认识到单据确实不符合《UCP600》条文要求。随即向买方 M.Y,O 公司进行洽商,降价打折销售结案。

分析

根据《UCP600》第 23 条 a 款第 iii 项的规定:空运单据必须注明出具日期,这一日期将被视为装运日期,除非空运单据包含注有实际装运日期的专项批注,在此种情况下,批注中显示的日期将被视为装运日期。

国际贸易结算单据上产生的单证不符,一般多数由于几种原因:有的由于审证时疏忽信用证条款,或对信用证条款理解有误;有的却由于对《UCP600》条款不熟悉或一知半解,理解有误。B 公司就是因为对《UCP600》条款一知半解,才造成了这样的事故。

单证工作时间性比较强。B 公司于 4 月 5 日就已取得了空运运单,装运人员却拖延至 4 月 11 日才向单证人员交单。信用证既然只限 5 天内交单议付,在这样特殊要求下,就应特别认真对待,在取得空运运单时,就要设法在限期内交单。B 公司在事故发生后,据装运人员申述,当时以为飞机因天气影响不能起飞,恐有情况变化,所以才等待落实后再交单。B 公司的第二个错误是未在航空运单上加注实际的起飞日期,按照《UCP600》的规定,如果有实际装运日期的专项批注,将以此作为实际的装运日,可 B 公司却因工作失误导致延迟交单。

附录 本章名词解释

开证申请人:是向银行申请开立信用证的人,通常是进出口交易中的进口商(买方)。

受益人:是信用证金额的合法享受人,也就是汇票的出票人,通常是进出口交易中的出口商(卖方)。

开证行:一般是进口方的银行,是应开证申请人的要求开立信用证的银行。

议付行:是根据信用证开证行的公开邀请或特别邀请,并根据受益人的要求,按照信用证的规定对单据进行审核,核实相符后向受益人垫款,并向信用证规定的付款行或偿付行索回所垫付款项的银行。

通知:出口方代理行收到进口方银行的电开信用证,和对密押相符,确定信用证的真实有效性之后,将信用证内容通知受益人。

转递:出口方代理行收到进口方银行的信开信用证,确认授权人签章,确定信用证的真实有效性之后,将信用证原件转给受益人。

议付:出口方代理行收到开证行的邀请或根据信用证的相关规定,审核单据相符之后,买入跟单汇票,向受益人垫付信用证项下款项,成为付对价持票人或正当持票人的行为。议付与承付的性质不同,前者是融资行为,后者是履责行为。

偿付行:信用证业务中当结算货币是进出口之外的第三国发行的货币时,开证行自己不能偿付出口方银行,只能由第三国银行代开证行偿付。偿付行的英文是 Reimbursing Bank,是指开证行的代理人接受信用证开证行的委托,代开证行偿还索偿行垫款的第三国银行。偿付行在以进口商或开证行为汇票付款人的信用证出现,凭索偿行证明单证相符的索汇证明书,代开证行偿付货款。开证行收到单据,如发现不符,应向索偿行追回已付款项,不能向偿付行进行追索,因为偿付行没有审单,不负单证不符之责。

索偿行:信用证业务中,因开证行不能直接向受益人支付款项,需指定出口地银行付款给受益人,索偿就是向信用证受益人议付或承付的出口地银行(议付行或付款行),议付行或付款行垫付后再向开证行索偿,所以称为索偿行。

跟单信用证:是一种银行在一定条件下(受益人相符交单)承担第一性付款责任的书面承诺,它是进口方银行(开证行)根据进口商(申请人)的申请和要求,向出口商(受益人)开立的书面保证文件,信用证条款规定开证行保证当受益人在规定期限提交符合信用证条件和条款的单据时可从指定银行获得一定金额的承付或议付。

不可撤销信用证:是指信用证一经开出并经受益人接受后,开证行便承担了按照信用证上所规定的条件履行付款义务的凭证,在信用证有效期内,除非得到信用证有关当事人的同意,开证行不能撤销或修改信用证。为了保障受益人权益,在《UCP600》框架下,所有信用证都必须是不可撤销的。

可撤销信用证:指信用证在议付前可未经受益人同意,随意修改或撤销的信用证。这种信用证在《UCP600》框架下已经被取消。

保兑:有关银行收到开证行或受益人的邀请,同意并以明确方式确认,对信用证承担与开证行相同的不可撤销的第一性付款责任。

保兑信用证:是指在受益人要求下由受益人所在国对信用证加以保证兑付,由此受益人可获得双重信用保证(开证行、保兑行)。保兑信用证的开立通常出现在小银行开大信用证或进口国政治经济局势动荡时,资信卓著的银行往往拒绝开出保兑信用证。

沉默保兑:沉默保兑是由英文 Silent Confirmation 直译而来,按照《UCP600》规定,保兑信用证由开证行开出,因此保兑行是开证行指定办理保兑业务的银行。但在实践中一些银行不愿开出保兑信用证,而受益人又渴望得到出口方银行的担保付款,于是出现了沉默保兑,也即在开证行并未授权指定银行对信用证进行保兑,而指定银行加具了它的保兑的情况,这种保兑代表了保兑行和受益人之间的协议,仅对受益人和保兑行有效。

远期信用证:是受益人提示单据后,开证行和保兑行并不立即付款,而是按照信用证上或汇票上规定的日期,自己履行付款义务,或由指定行到期履行义务的信用凭证。远期信用证分为承兑信用证和延期付款信用证。

承兑信用证:承兑信用证的英文可翻译为 Acceptance Credit,Acceptance Letter of Credit 和 Banker's Acceptance Credit),是指信用证指定的付款行在收到信用证规定的远期汇票和单据,审单无误后,先在该远期汇票上履行承兑手续,等到该远期汇票到期,付款行才进行付款的信用证。由于这种信用证规定的远期汇票是由银行承兑的,所以,也称为"银行承兑信用证"。因此,这种信用证业务,除了要遵循有关信用证的国际惯例外,还要遵守有关国家的票据法的各项规定。即采用此种信用证时,指定银行应承兑信托受益人向其开具的远期汇票,并于汇票到期日履行付款义务。

延期付款信用证:延期付款信用证由英文 Deferred Payment Letter of Credit 翻译而来,是远期信用证的一种,亦称无汇票远期信用证。有的国家和地区颁布的票据法规定,凡超过六个月期限的承兑汇票,或超过一年以上的远期汇票,不得在市场上贴现。同时对远期汇票的期限不得超过 180 天,在这种情况下为了解决远期至一年以上或数年时间后的支付方式,在国际贸易的实践中,延期付款信用证就应运而生,而且被广泛予以运用。由此可见延期付款信用证和承兑信用证功能相似,因为不开具汇票所以节省了印花税,其缺点是很难获得贴现。延期付款信用证适用于进出口大型机电成套设备,为了加强竞争条件可采用延期付款、卖方中长期贷款或赊欠出口等措施。但期限较长,出口商不必提示汇票,开证银行也不承兑汇票,只是于到期日由银行付款。

假远期信用证:假远期信用证又称为买方承兑信用证,是指受益人向出口方银行提交单据和远期汇票可获得票面金额百分之百即期付款的信用证。此种信用证的出口方所开立的汇票仍然是远期汇票,但可以通过票据贴现即刻得到票款,并由进口商承担所发生的贴现费用和利息,因此也被称为买方承兑信用证。出口方若愿意接受远期付款,还可以获得利息。对进口商来说,可以先得到货运单据凭以提货,而无须立即付款,使自己获得延期付款的好处。可见假远期信用证对于受益人来说实为即期信用证,对申请人来说则是远期信用证。

可转让信用证:指开证行授权可使用信用证的银行(通知行)在受益人的要求下,可将信用证的全部或一部分转让给一个或数个第三者,即第二受益人的信用证。唯有开证行在信用证注明"可转让",信用证才可转让。此证只能转让一次,即只能由第一受益人转让给第二受益人,第二受益人不得要求将信用证转让给其后的第三受益人,但若再转让给第一受益人,不属于被禁止转让的范畴。可转让信用证主要用于中间商贸易,当母公司谈判子公司发货时也可使用可转让信用证。

背对背信用证:背对背信用证也被称作从属信用证。出口商收到进口地银行开来的信用证后,凭此信用证作为抵押,向自己所在地的一家银行申请开立一份类似的信用证,该信用证将以原始信用证的受益人作为申请人,而以实际供货商为受益人,这种信用证即为背对背信用证。背对背信用证的功能与可转让信用证相似,其优点是很好地隐藏了中间商的身份。

循环信用证:指信用证的金额被全部或部分使用后,能恢复到原金额,循环多次使用,直到信用证达到规定的次数、时间或金额为止的信用证。

预支信用证:在出口商在装货交单前即可支取全部或部分货款的信用证,红条款和绿条款信用证都属于预支信用证,只有当贸易品稀缺或需求弹性很低时,进口方为了实现购买才会申请开证行开立预支信用证。

备用信用证:指开证行向受益人出具的旨在保证申请人履行合约义务,并在申请人未能履行该义务时,凭受益人提交的文件或单据,向受益人作出一定金额支付的书面付款保证承诺。

　　单据:单据是贸易过程中的一系列票据、证书或证明文件的统称。它是国际贸易过程中凭以证明货物品质、规格、重量、装运、保险等众多情况的文件。

　　发票:通常即指商业发票,是卖方向买方开立的,凭以向买方收款的发货清单,也是卖方对于一笔交易的全面说明,内容包括商品的规格、价格、数量、金额、包装等。

　　装箱单:又称包装单、码单,是说明货物包装内在详细情况的单据,也是商业发票的附属单据。

　　海运提单:承运人或其代理人(轮船公司)签发的证明托运的货物已经收到,或装载船上,约定将该项货物运往目的港交付提单持有人的货运证明,不记名提单还可作为物权凭证。

　　保险单:承保人对被保险人签发的,包括保险契约全部内容的单独保险证明文件,是完整的承保形式。

第4章　国际贸易融资

案例1　备用信用证生效的依据

当事人

备用信用证开证申请人:A 公司

备用信用证受益人:B 公司

备用信用证开证行:I 银行

备用信用证通知行:N 银行

案情

A 公司向 B 公司进口一批货物,双方商定以汇款方式结算,相关单据在货物起运 15 天以内由 B 公司直接寄给 A 公司。为避免 A 公司违约,由其向 I 银行申请开立了一张不可撤销备用信用证,该证以出口方为受益人,信用证条款规定在进口方 A 公司拒付或延迟 30 天付款后受益人可获开证行付款。该信用证经由 A 银行通知受益人 B 公司,该证的到期地点在 I 银行。

备用信用证要求提交的单据有:

1.以 I 银行为付款人的即期汇票。

2.A 公司未支付的商业发票副本。

3.受益人 B 公司签署的声明书,声明所附发票已向申请人要求付款,但已过期至少 30 天还未获得支付。

在此信用证到期前 10 天,申请人 A 公司通知开证行 I 银行:该证项下已没有应付而未付账款,开证行不得再在证下付款。

通知行 A 银行在有效期的前 5 天用 EMS 代受益人寄给开证行下列单据:

1.以开证行 I 银行为付款人的即期汇票。

2.未获支付的商业发票副本,所列交运货物的日期在交单前 15 天内,商业发票的签署日期未注明。

3.备用信用证所要求提供的违约声明书。

— 81 —

在审核了全套单据后,开证行 I 行将申请人 A 公司的资金调拨至通知行 A 银行,再由 A 银行将资金拨给受益人 B 公司。

尽管 A 公司已掌握了货物,但其不同意扣减借记其账户资金。A 公司认为:

1.其已事先通知 I 行,对 B 公司已没有欠款,因此 I 银行不应支付。

2.I 行应认识到,尽管有如信用证要求的违约声明书声明 A 公司违约,但显然不可能有超过 30 天尚未付款的事情发生。

3.A 公司要求立即冲回账款。

I 银行驳回了 A 公司的请求,拒绝冲账,该行认为此信用证的一切条件均已具备,开证行应履行付款责任。

此案例中开证行 I 银行并未理会申请人的反对,而是坚持凭受益人提交的单据对 B 公司付款,I 银行的做法是否正确合法呢?

分析

国际商会银行委员会专家对此案的看法是:开证行 I 银行的做法是正确的,其在单单、单证一致的条件下付款完全符合《ISP98》(《国际备用信用证惯例》)的规定。

至于发票是否载有日期并不重要,备用信用证没有要发票注明出具日,付款条件是提交违约声明证明发票已过期 30 天,也没有规定这个时段是从出票日、装运日还是交货日开始的。尽管申请人声称并无违约,开证行也只能支付,这是根据《ISP98》的规则办理。至于申请人在备用信用证到期前 10 天对开证行预先通知止付,开证行应对申请人说明,如真有理由相信将发生误述或欺诈行为,应依靠法律取得禁令或冻结令阻止开证行的支付。

但此案例中我们应注意如下问题:

1.此证在开证行处可即期支款,并且不可议付。

2.受益人必须明确,此证的有效期在开证行,故所有单据必须在有限期内提交给开证行。

3.此证要求一份商业发票副本。通常在一般的跟单信用证中有此要求,备用信用证一般无此要求。在备用信用证项下要求商业发票会引起发票和申请人违约声明书的矛盾。银行由于对《ISP98》条款有不同的解释,即使存在违约情况且声明书也符合备用证要求,有时也不予支付。因此,在备用信用证中加列商业发票副本条款,极易产生迟付、拒付等情况,开证、受证时必须审慎对待。

案例2 保兑行与开证行的责任

当事人

备用信用证开证行:I 银行

备用信用证通知行兼保兑行:C 银行

备用信用证申请人:A 公司

备用信用证受益人:B 公司

案情

B 公司与 A 公司签订出口合同,由 B 公司向 A 公司出口石油,付款条件为装运 120 天后支付。为避免买方违约,由进口方 A 公司向 I 银行申请开出不可撤销的备用信用证,如果买方违约即由开证行向受益人赔付,该信用证经 C 银行通知并加具保兑。该证要求:

1.由受益人 B 公司提供一份违约声明,声明 A 公司违约。

2.商业发票副本一份,注明装运商品的细目。

3.运输单据副本一份,证明货物已装运及注明装运日期。

受益人 B 公司按合约发了货,并按销货条件向 A 公司开出了 120 天到期付款的发票。在发货后的 120 天,由于未从 A 公司收到款项,受益人 B 公司缮制了备用信用证所要求的文件,提交给保兑行。

保兑行 C 银行审核了违约证书、商业发票副本和运输单据副本,认为单证相符,即向受益人 B 公司付了款,并以快邮向开证行寄单索款。

收到单据后,开证行以 B 公司过期提示为理由拒付赔偿,I 银行认为根据《UCP600》第 14 条 c 款单据不得迟于装船后 21 天提示。

对于 I 银行的拒付,C 银行据理力争,复电如下:"来电拒付无理。《UCP600》第 14 条 c 款适用于商业跟单信用证,而非备用信用证。后者是担保你客户履约而立的。只要证明你客户违反和受益人之间的商业合同条款,即为有效。此外,为了履行商业合同,受益人必须在发货后等待 120 天,以便你客户付款。如后者违约不付,则受益人将使用备用信用证取得该证项下的付款。因此,在装运后,做出必要的违约证书以前,受益人既要给予 120 天的融资,同时又要按信用证要求,在发货后 21 天之内,提交信用证要求的单据是不可能的。据此,我行认为你行拒付无根据,希望偿付我行已付的款项,加上我行付款日到你行偿付我行之日的利息。"

此案例中 I 银行的拒付合理吗? C 银行的能否获得 I 银行的偿付? 如果开证行拒绝偿付保兑行,保兑行能否向受益人行使追索权?

分析

此案中保兑行的解释是正确的,开证行的拒付无理。因为在备用信用证项下,受益人在做违约证书之前,需有一段必要等待的时间,以证实开证申请人确已违约。因此《UCP600》第 14 条 c 款对本案不适用。

备用信用证被认为是第二性付款手段,因此,这种信用证只凭违约证书有效,不应附加任何副本商业单据的要求,否则将导致不恰当的银行业务做法,引起所谓"单证不符"的纠纷。

在此案中,由于申请人已破产,其资产已由法院控制。开证行即以所谓的不符点延迟付款,以便其有足够的时间与法院协商,解除对申请人资产的部分冻结,以便付款。在等待5个月后,开证行终于偿付了通知行,但并未支付利息。

那么,我们假设如果开证行拒绝偿付保兑行,保兑行能否向受益人行使追索权?回答是否定的,因为作为保兑行,在已做出付款的情况下,不得行使追索权。

案例 3　保理业务的风险

当事人

进口商:M 公司

出口商:X 公司

进口保理商:IMFC 公司

出口保理商:中国 EF 银行

案情

经营日用纺织品的英国 M 公司多次从我国 X 公司进口商品,采用信用证结算方式支付货款。最初采用这种结算方式对初次合作的双方是有利的,但随着进口量的增长,他们越来越感到这种方式的烦琐与不灵活,而且必须向开证行提供足够的抵押。为了继续保持业务增长,M 公司向我国 X 公司申请至少 60 天的赊销付款方式。尽管两家公司已建立了良好的合作关系,但是考虑到这种方式下的收汇风险大,我国没有同 X 公司达成这一条件。之后,M 公司转向国内保理商 IMFC 公司寻求解决方案。英国的进口保理商为该 X 公司核定了一定的信用额度,并通过中国 EF 银行通知了我国出口商 X 公司,通过保理机制,进口商得到了赊销的优惠付款条件,而出口商 X 公司也得到了 100% 的信用风险保障以及发票金额80% 的贸易融资。

但两家公司通过保理结算的第一笔业务便产生了纠纷,合同商议由我国就出口商 X 公司向英国 M 公司出口价值 50 万英镑的纺织品,我国出口保理商在调查评估进口商资信的基础上批准向 X 公司提供了 40 万英镑的信用额度。发货后 X 公司向 EF 银行申请融资,获得 EF 银行 30 万英镑预付款。令 X 公司难以预料的是到期日英国进口商 M 公司以货物质量有问题为由拒付,M 公司认为货物质量不符合贸易合同要求,X 公司提供的货物质量证书也不是由 M 公司认可机构签发的。随后进口保理 IMFC 公司以贸易纠纷为由免除坏账担保责任。出口商认为对方拒付理由不成立,但多次联系进口商 M 公司对方均表示不愿付全款,只接受将货款打折后的金额。90 天赔付期过后,进口保理商 IMFC 公司仍未能付款,出口方委托其起诉进口商 M 公司,但进口保理商态度十分消极,表示他们对贸易合同纠纷无能为力,最后 X 公司只好接受了 M 公司的折扣付款。

本案例中 X 公司已经得到了 100% 的风险保障,为什么仍然遭到了进口方 M 公司的拒付呢?

分析

相对于信用证业务,保理业务给买方提供了较大的便利和极好的无担保延期付款条件,降低了结算成本,同时也给卖方提供资金融通,加快了资金周转。

但保理业务会给出口商带来一定的风险,虽然保理业务中买方的信用风险已由保理商承担,但出现货物质量数量争议时,保理商却不能强制买方付款,也就是说对于信用风险以外的其他风险保理商都不会承担,在实际中贸易纠纷往往导致保理商免除坏账担保责任。而对于引发贸易纠纷的货物质量问题是否存在,进出口双方各执一词。进口商认为货物质量有问题的理由过于牵强,根本原因是自己从下家处已无法收回货款,从而面临损失的风险。为了避免自己受损,进口商自然不会配合出口商解决贸易纠纷,对出口商提出的提供质检证的要求自然也就置之不理。进口保理商由于贸易纠纷的原因免除坏账担保责任,在 90 天赔付期内拒付是正当的行为,符合国际保理惯例的相关规定。但同样根据国际保理惯例的规定,进口保理商有义务尽力协助解决纠纷,包括提出法律诉讼。但本案中,进口保理商作为出口商的代理在诉讼过程中,态度却十分消极,并不想打赢官司,原因很简单,因为赢了官司的后果是自己承担付款的责任,并因为进口商偿付困难的现实,从而有可能最终是由自己承担 16 万英镑的损失。本案中,出口保理商为出口商提供了买方资信调查与坏账担保服务,因而提供的融资应该属于无追索权融资。如果事先与出口商未就贸易纠纷下的追索权问题达成协议,则国外拒付的风险将由出口保理商承担。

启示

保理业务的主要风险就是出现贸易纠纷。因此,对于贸易纠纷的风险,有关当事人应事先加以防范。对于出口商而言,为了防止进口商假借贸易纠纷理由拒付从而免除保理商的付款责任,在贸易合同中应就贸易纠纷的解决方法与进口商事先达成一致意见,比如确定一家双方都愿意接受的商检机构日后对出现质量纠纷的货物进行检验,检验结果作为判定纠纷是否存在的依据。对于提供无追索权融资的出口保理商而言,有必要通过合同、发票、提单等文件单据去了解掌握交易背景的情况,也有必要在与出口商签订的保理协议中就发生贸易纠纷后的追索权重新获得问题加以明确规定,以防承担贸易纠纷产生的海外正当拒付的风险。另外,进口保理商的选择也非常重要。进口保理商是坏账担保人,能否勇于承担坏账担保的责任,关键在于其资信状况如何。本案中的进口保理商显然关注自己的利益胜过关注自己的信誉,资信状况欠佳。因而,实务中,出口保理商无论是为出口商着想,还是为自己的利益考虑,对进口保理商都应做出慎重地选择。

案例4　福费廷商面临的风险

当事人

福费廷商:德国 FFT 银行

出口商:德国 EX 公司

进口商:委内瑞拉 IM 公司

担保人:委内瑞拉 GR 银行

案情

2018 年德国 EX 公司向委内瑞拉 IM 公司出售价值 2 000 000 欧元的大型机器设备,因当时国际市场不景气,进口商委内瑞拉 IM 公司坚持延期付款,因而德国公司找到其往来银行 FFT 银行寻求福费廷融资。FFT 银行表示只要委内瑞拉公司能提供委内瑞拉著名银行出具的票据担保即可。在获悉委内瑞拉 GR 银行同意出保之后,FFT 银行与德国 EX 公司签署了福费廷包买票据合约,贴现条件是:5 张 400 000 欧元的汇票,每隔 6 个月到期一张,第一张汇票在装货后的 6 个月到期,贴现率为 5.75% p.a.,宽限期为 30 天。德国 EX 公司于 2018 年 6 月 1 日装货,签发全套 5 张汇票寄往委内瑞拉公司。6 月 18 日委内瑞拉 IM 公司承兑全套汇票并交委内瑞拉 GR 银行出具保函担保后,连同保函一同寄给 FFT 银行,FFT 银行于 7 月 1 日贴现全套汇票。等第一套汇票到期时,进口商 IM 公司声称设备质量有问题,拒绝支付到期的第一笔贷款。德国福费廷商 FFT 银行只好向委内瑞拉 GR 追索,却被告知因保函签发人越权签发保函并且签发前未得到中央银行用汇许可,因此该保函无效。

分析

按照福费廷业务程序,FFT 银行在票据到期时首先向担保行委内瑞拉 GR 银行提示要求付款。但由于该银行签发的保函因不符合本国保函出具的政策规定及银行保函签发人的权限规定而无效,因此,FFT 银行已不可能从担保人 GR 银行收回款项。如果转向进口商要求付款,进口商作为汇票的承兑人,应该履行其对正当持票人——福费廷商的付款责任,根据汇票的无因性,该责任不应受到基础合同履行情况的影响。但由于进口商对货物质量不满,坚持拒付,FFT 银行的付款便成为未知数。福费廷属于无追索贴现融资,即便为了防范风险,FFT 银行已与出口商德国公司事先就贸易纠纷的免责问题达成协议。FFT 银行唯一的希望是向国内的出口商 EX 公司追索。

启示

福费廷商在签订福费廷协议、办理福费廷业务之前,一定要重视对出口商、进口商以及担保人本身资信情况和进口商所在国情况的调查。这些情况对于福费廷商判断一笔业务的风险、确定报价,甚至决定是否接受这笔业务都具有非常重要的意义。担保人的资信尤为关键,因而在实务中,担保人通常由福费廷商来指定。其次,本案中的福费廷商对进口国的相关政策法律也不十分清楚,对基础交易情况、货物情况不具足够的了解,对客户资信也未做必要的审查和把握。

案例5 以保函代替正本提单纠纷案

当事人

进口商:M 公司

出口商(托运人):X 公司

轮运公司:S 公司

担保银行:G 银行

代收行:C 银行

案情

2019 年 5 月 10 日广州 M 公司和香港 X 公司签订贸易合同进口一批货物,合同商议以即期付款交单方式结算,代收行为广州 C 银行。5 月 20 日 X 公司发货并将相关单据通过托收行传递给代收行 C 银行。5 月 23 日 C 银行收到全套单据并通知 M 公司付款赎单,但 M 公司因资金不足未及时回复。5 月 30 日货物到码头后,轮运公司 S 公司通知 M 公司凭正本提单提货,M 公司资金不足无法赎单,于是向 C 银行申请开立保函提货。C 银行审查 M 公司资信认为风险较高,遂于 6 月 3 日拒绝开出保函。为了早日提货,6 月 4 日 M 公司又向另一家银行 G 银行申请开立保函,G 银行为了获得更多的客户,6 月 5 日便给 M 公司开出提货保函。当日 M 公司凭 G 银行开立的保函向 S 公司申请提货,担保书在提取货物栏载明号码、货值、货名、装运日期、船名等。在保证单位栏记载:"上述货物为本公司进口货物,若因本公司未凭正本提单先行提货致使贵公司遭受任何损失,本公司负责赔偿,本公司收到上述提单后将立即交还贵公司换回此保函"。S 公司接受了 G 银行为 M 公司开了的保函,签发了提货单。但 M 公司收到货物后,因市场行情疲软无法及时销售其进口的货物。在 C 银行多次催促 M 公司均未付款赎单后,提单最终经 X 公司的紧急联系人退给了托运人 X 公司。

2019 年 7 月 3 日 X 公司持正本提单在香港法院以错误交货为由,对 S 公司提起诉讼,要求赔偿货价损失、利息和其他费用。香港法院判令 S 公司向 X 公司支付赔偿金并承担托运人所发生的律师费。

S公司随后提示相应索赔单据向G银行提出索赔,认为保函申请人M公司于2019年6月5日凭银行保函提取货物后未将该项货物的正本提单交还,要求G银行赔偿货款损失、利息及其他相关费用。G银行审核相应单据后向S公司进行赔付,并向M公司提出索赔。

分析

提单在国际货物运输中具有关键性作用,对持有人来讲它既是承运人收取货物从而建立运输合同的证据,也是货物所有权的凭证,据此可以向银行议付货款,在卸港要求承运人交付货物;而对承运人来讲,一旦取得正本提单,就证明其履行完毕交货责任,否则,提单持有人有权要求其交付货物或向其索赔,所以凭正本提单提/交货物是一种法定程式。但在国际贸易中提单的流转速度往往慢于货物的运送速度,因为提单要随信用证经过申请议付、开证行审单支付和收货人交款赎单等各个环节,而此时货运船舶早已抵达卸货港,这种情况在短途运输中更为多见。为及时提取货物,收货人往往要求承运人在没有正本提单的情况下交付货物,而承运人则只有在收货人提交信誉良好的银行出具保函的情况下才敢交货。这样既可以保证商业流转的正常进行,减少不必要的时间耽搁,也可以使承运人的利益得到有效保护。

但凭保函提取货物这一为国际普遍接受的惯例在本案中不但没有加速业务周转,从而使相关各方受益,反而横生出两起诉讼。这并不是凭保函提货这一制度本身的问题,而是有关当事人的不诚信行为作祟,致使正常操作无法进行。M公司提取货物后并没有向开证行交款赎单,提单最终被代收行退回到了托运人。托运人发运了货物却收不到货款,持提单向轮运公司S公司(承运人)起诉是情理之中,胜诉理所当然。而承运人S公司绝不会承受这无端损失,向G银行(保证人)提出索赔也就顺理成章了。

启示

本案例给S公司(承运人)、M公司(申请人)和G银行(担保行)都带来了一定的启示。对S公司来说,虽然根据提货担保提货是国际惯例,但是提货保函对于承运人而言有一定的风险,因此承运人应该仔细审核提货担保条款以及提货人和担保银行的资信,从而合理保障自己的权益。

对于M公司来说,凭保函提货本是国际惯例,但是该公司在提货后因为市场行情发生变化影响其销售收入,没有按照正常程序付款赎单并将提单交还承运人,企图赖掉其付款责任。这种做法大大损害了自己的信誉和与银行的业务关系,得不偿失。

对于G银行来说,出具保函就意味了承担了保证责任,因此一定要谨慎审查保函申请人的资信,并严格控制根据提货担保提取获得货物的所有权,从而有效控制自身风险。在此案例中,代收行C银行已经拒绝为M公司开出保函,这其实是很好的风险提示和警示,G银行为了扩大业务不顾高风险,最终蒙受损失,教训深刻。

案例6 银行保函失效受损案

当事人

进口商：M公司

出口商：X公司

出口商破产后的收购人：P公司

担保银行、信用证通知行：G银行

案情

2015年5月，我国M公司受用户委托向A国X公司订购精密仪器1套，价值300万美元，交货期为次年6月。由于X公司出售的仪器技术较先进，需经相应机构批准方能出口。合同规定，支付方式为：签约1个月后凭卖方出具的银行保函支付20%，系合同定金；货款的70%以进口方M公司开出的信用证支付；剩余10%在买方安装调试正常使用后支付。关于银行出具的保函效期，M公司与X公司经多次商谈，最后同意如下："This Letter of Guarantee is in any event to become null and void on the end of July 2016, unless we shall have in the meantime agreed to extend such expiry date." 据此，该保函到2016年7月底失效，即交货期后1个月。合同执行情况如下：

2015年6月，卖方出具银行保函。

2015年7月初，买方审核无误支付20%定金计60万美元。

2015年8月，卖方按合同规定向相应机构提出申请出口许可证。

2015年11月，买方银行开出信用证。

2016年1月，卖方通知货已备妥，请买方告订舱情况；买方通知卖方，因厂房尚未竣工，要求推迟到2月底发运；卖方确认同意，买方作L/C变更，交货期延至2月。

2016年2月，卖方电告，因手续等原因，出口许可尚未得到批准，要求买方速寄最终用户用途担保。

2016年4月初，卖方电告，货物被对方海关扣留，买方速寄最终用户用途担保。

2016年5月，卖方电告，因手续等原因无法及时装运，要求推迟至6月底发运，买方同意，并相应修改L/C装运期，L/C有效期至2016年8月21日。

2016年8月初，X公司宣布破产，当地法院指定财产清算委员会进行清算，全部资产被冻结，对此，我方一无所知。

2016年9月，P公司来华通知，X公司被拍卖并已被P公司买进，P公司负责X公司合同履约等事项。为此，我方立即通知银行拒付任何议付单据，经查此时L/C及卖方银行出具的保函(L/G)已失效。买方与卖方就 20% 的定金进行了协商,买方要求卖方协助追还 20% 的定金。但 P 公司坚持由于拍卖过程中未得到该笔款项,不承担义务。买方则坚持己见,双方僵持不下,最后双方商定协议如下:"The Buyer shall increase the returned down payment into the newly opened L/C upon getting the refunded down payment from the G bank." ("即买方将从 G 银行得到上述款项,该款项将追加到新开设的信用证金额中去。")在此情况下,双方签订了合同变更协议,即供货方由 X 公司变为 P 公司,合同其他条款照旧。与此同时买方急告使馆商务处,并与 X 公司所在国驻华领馆联系,追索 20% 定金。

2016 年 10 月,由于对 X 公司所在国破产法等不甚了解,几经周折,M 公司拟将追索对象转向财产清算委员会,要求将买方列入债权人,但该委员会迟迟未复。

2016 年 11 月,该委员会在买方几番催促下,同意将买方列入普通债权人,而非第一债权人,为此,买方一面聘请律师,寻求法律根据,草拟索款方案;另一方面与其驻华使馆联系,以求协助,在得到有关部门同意后,迅速派出以买方、银行、律师和用户四方组成的索款小组赴 A 国索款,拟定索款对象如下:1.财产清算委员会;2.卖方银行;3.P 公司。索款途径为:派员交涉;请求银行协助;通过使馆做工作;诉诸法律。

分析

本案中 M 公司拟定的索款对象分别有其合理性,但是获得赔款的可能性颇微。

向财产清算委员会索款的理由是:该委员会未发任何通知给 M 公司,而 M 公司应属于 X 公司的债权人之一,在 M 公司提出要求后,将 M 公司列入普通债权人;其次,该合同货物已在码头,该委员会将该笔货物拍卖给 P 公司,实际上该笔货物 20% 的所有权应属 M 公司。在与该委员会交涉中,该委员会不得不承认没有通知 M 公司是其工作不够完善,声称 M 公司可上诉。但经买方多方了解得知,尽管可上诉,但按 A 国诉讼法规定,向法院上诉要聘当地律师;其次 X 公司财产已按债权人顺序拍卖完毕,财产清算委员会并无偿付能力,即使胜诉,意义不大;最后,财产清算委员会本身是法院指定的代理人,法院很可能会尽力保护它。

向 G 银行索偿的理由是,L/C 与 L/G 均通过该银行。尽管在 M 公司得知 X 公司破产时 L/G 已失效,但其破产时 L/C 仍有效(失效期为 2016 年 8 月 21 日),在此期间,G 银行未向买方提供 X 公司的任何消息,对此 G 银行未及时将 X 公司财务资信情况通知买方,固然有一定责任,但又称并非法定责任,强调 L/C 的延展并不意味着 L/G 有效期的相应延展,L/G 的担保期是对 G 银行货物预付款承担责任的界限,G 银行认定有效期已过,不再负有任何退款责任,M 公司向 G 银行索款无法律依据。

向 P 公司索赔理由为,P 公司在拍卖中买进了 X 公司,并承担继续履约的责任,而该货的物权中事实上已包括 M 公司 20% 预付款,P 公司认为购买码头货物是按 100% 的货价在财产清算委员会买进的,在变更合同的供货方时,又未订明双方索款责任,因此,向 P 公司索款理由亦难成立。

启示

1.本案中财产清算委员会及 G 银行,均分别承认其工作有不够完善之处,有一定责任等,但事实上他们均拒不承担付款责任。因为,前者是法院指定的从事该破产公司清算事宜的机构,既不负经济责任,又再无款项可资分配,后者则以其所开保函的有效期为其承担法律责任的界限,有效期已过,再无付款责任可言。反之,在买方,则对有关法律方面的重要事项,未能切实掌握,对卖方的宣告破产,一无所知,以致失去了依法向清算委员会申请的有利时机。对所收到的保函的有效期缺乏监控,在买方一再延长自己所开信用证的到期日时,未相应地要求买方延长其通过银行所开保函的有效期,而在当时只是举手之劳。由此可见,在进出口企业中,加强有关人员的法律意识,向他们宣传法律知识十分必要。此外,设置内部的法律部门或专职法律人员,规定其职责和办事制度,也应提上议事日程。

2.M 公司对 X 公司资信变化和其所在国的法律缺乏了解。本案合同交货期较长,因此对外商资信应经常关注,不仅应在合同签约前,在合同执行中也应密切关注。在获悉 X 公司倒闭后,M 公司除了通知买方银行拒付外,不知如何着手索款。通过各种渠道打听款项在何处,确定索款对象花了大量时间,错过了宝贵的索款时机。

案例7　补偿贸易保函担保行受损案

当事人

国内设备进口方(产品返销出口方):M 公司

国外设备出口方(产品返销进口方):X 公司

担保银行:G 银行

案情

2015 年 6 月,国内 M 公司与国外 X 公司签订补偿贸易进出口合同,由 M 公司从 X 公司引进全套生产设备和技术,M 公司以该套设备生产的产品返销给 X 公司,用以支付引进设备的全部价款和利息,每半年支付 1 次,5 年内付清。

国内 G 银行应 M 公司的申请,于 2016 年 1 月开出以 X 公司为受益人的补偿贸易保函,保证在 X 公司提供生产设备和技术的前提下,M 公司以引进的设备所生产的产品返销给 X 公司,或以产品外销所得的款项支付给 X 公司作为补偿。如 M 公司不能返销 X 公司要求的质量和数量的产品,G 银行则开立以自己为付款人,以 X 公司指定的银行为收款人的 10 张银行承兑汇票,每张汇票面值 150 万美元,每半年支付一张汇票。该保函遵循《见索即付保函统一规则》(国际商会 458 号规则)。

关于产品的回购问题,M 公司按照 G 银行的建议,要求 X 公司开立了以 M 公司为受益人的产品回购商业保函。

项目投产后,M 公司未能按照 X 公司要求保质达产,产品返销量小。M 公司认为 X 公司提供的设备有质量问题使生产的产品质量不能满足要求(当时进口设备时因时间紧,未对设备进行质量验收。)X公司则认为M公司生产的产品质量有问题,不能按时交货,使X公司不能回购。

M公司和X公司在进口设备的质量和设备所生产产品的质量问题上意见不一致,导致2016年10月X公司提出仲裁要求。在G银行调解下,X公司同意暂停仲裁,在今后的几个月中两公司仍未能达成一致。X公司提出与M公司中断商务关系,导致M公司生产计划无法进行。2017年2月,X公司动用补偿贸易保函向G银行索赔,第一期金额150万美元,M公司自筹了一部分资金勉强还款,未造成G银行垫款。第二期到期时,M公司无钱还款,在G行协助下,与X公司指定银行达成了重组协议,将第二期的150万美元平分到后面的八期之中,危机得到暂时缓解。第三期和第四期汇票到期时,M公司因无法生产出X公司满意的质量和数量的产品,又无资金付款,因此,G银行必须承担其担保责任,按照保函的规定,每半年偿付到期的汇票。

虽然G银行采取了相应的反担保措施,即要求X公司上级提供反担保;同时要求X公司抵押了土地、商住两用楼、厂房,抵押价值合计500万美元(土地为划拨地),但由于反担保单位为亏损单位,已基本不具备反担保资格,加上抵押物处置困难,最终造成G银行亏损巨大。

分析

本项目执行过程中出现了较多的问题和困难,引起的原因主要有:

1.立项前,中方企业与担保银行对该项目的评估均不充分。本案M公司缺乏前期评估工作,急于上项目,对于设备引进后产品补偿工作重视不够,对各种影响设备安装调试、生产的因素估计不足,从贸易一开始就无法制定出有力的保障措施,保证补偿贸易前期工作的顺利进行。G银行仅依据《可行性研究报告》就对项目本身看得过于乐观,对项目执行人的综合实力了解不够,认识不够,对项目的外部环境也缺乏正确的判断,从而较盲目地承担了担保责任。

2.G银行出具的补偿贸易保函格式上对外方让步较大,使其在内容、结构、条款上完全等同于一般的延付保函,使补偿贸易保函项下支付发生的前提与设备提供方所发运的设备质量的好坏及设备提供方回购产品的保证未挂起钩来,G银行为了弥补这点,建议M公司要求X公司开立以X公司为受益人的产品回购保函,此保函为商业信用,不是银行信用。作为担保银行应关心设备出口方是否能够按照补偿贸易合同的要求及时开立回购产品的信用证或银行保函来保证产品的回购,应要求设备出口方为此提供足额的银行信用承诺,并在补偿贸易保函中制定出一旦出现相反情况时担保银行可凭以拒付引进设备款的有关条件和条款。

3.G银行反担保措施不够完善,在开立保函时,对抵押和反担保措施的审查不严,虽是信用担保加抵押,但信用担保是亏损企业或潜亏企业,只考虑其净资产可以覆盖担保金额是不妥或不足的。抵押的资产处置困难。银行保函是担保银行应申请人的要求为其向受益人所作出的付款保证,因此担保的最终责任和风险应该落在申请人身上,一旦保函项下发生了索赔和赔付行为,担保银行理应享有向申请人提出追偿以避免其自身权益受到损害的权利。但是由于存在着申请人届时因资金短缺无力偿付,甚至发生破产倒闭的可能性,担保银行仍将面临着其收到受益人符合保函条款要求的索赔,并办理了垫款支付后无法获得相应补偿的风险。

启示

本案对担保银行的启示主要在以下方面:

1.补偿贸易保函是一类特殊贸易项下的银行保函。担保银行出具补偿贸易保函,除了要关心保函的申请方是否已有足够的资金偿付其所引进的设备款,还应关心申请方所引进的设备以后是否能够形成足够的生产能力,产成品的回销是否能得到足够的保证,以及回销后能否获得足够的资金来抵付设备引进款等。这就需要在开立保函时对项目的可行性研究给予更多重视,对项目的立项做出更为详尽和严格的审查,这与担保银行的切身利益息息相关。也正是由于这方面的原因,补偿贸易保函就不能够、或者说不应该成为对引进设备货款完全无条件的支付保证,否则就可能使补偿贸易保函沦为事实上的延期付款保函。

2.银行应加强自身利益的保障。担保行的主要责任是在受益人提出合理索赔时按保函规定的条件赔付。担保行赔付后,有权向申请人或反担保人索偿。为了保障担保行的索偿能够实现,担保行在开立保函时往往要求申请人提供保证金、抵押品或其他反担保,并且对反担保的可实现性进行严格把关。

案例8　转开保函纠纷案

当事人

保函申请人:我国设备出口方 X 公司
保函受益人:印尼进口方 M 公司
议付行、反担保行(指示行):我国 I 银行
开证行、担保银行(转开行):印尼 T 银行

案情

2015 年 3 月中国 X 公司与印尼的进口商 M 公司签订了设备出口合同,合同总额 200 万美金。按照合同约定,2015 年 4 月 10 日印尼 M 公司委托当地银行 T 银行开立了以我国 X 公司为受益人的不可撤销信用证,但该信用证的生效条件是 M 公司收到印尼 T 银行开立的以其为受益人的不可撤销履约保函,金额 30 万美元,相当于销售合同总价的 15%,信用证有

效期为 2015 年 9 月 20 日。

X 公司也于 2015 年 4 月 2 日向 I 银行申请开立此项履约保函,I 银行经过审查 X 公司财务状况和产品质量等相关情况后,决定委托印尼 T 银行转开以 M 公司为受益人的保函。X 公司与 I 银行签订了《开具保函协议书》,约定 I 银行委托印尼 T 银行向 M 公司开出不可撤销的履约保函,担保金额为 30 万美元整,有效期为 2016 年 5 月 10 日,X 公司提供了 20 万美元的保证金。并规定索赔条件是收到 M 公司出具的证明 X 公司未能履约的书面文件后付款。随后 I 银行出具了履约保函,保函中写明:"应 X 公司申请,我行委托 T 银行开立以贵方(M 公司)为受益人的不可撤销保函,担保金额最高不超过 100 万元美元。如果 X 公司不能按销售合同规定履行其全部责任,我行保证为其承担责任。本保函自开立之日起生效,于 2016 年 5 月 10 日失效。"

2015 年 7 月 10 日 X 公司按照合约规定装运货物并向 I 银行申请议付单据,I 银行审核单证相符、单单相符后即向 X 公司议付了单据,并将单据通过国际快递交给 T 银行。2015 年 8 月 2 日,T 银行审核单据后认为与信用证要求相符,指定偿付行对议付行 I 银行偿付了单据。2015 年 8 月 15 日 I 银行收到 T 银行的来电称,M 公司认为 X 公司发运的货物质量达不到销售合同要求,M 公司已提交相关证据向 T 银行索赔。I 银行遂联系 X 公司询问有关货物质量情况,X 公司认为货物质量完全符合要求,质量证书也是由 M 公司认可机构出具的,因此 M 公司的索赔要求不合理。

2015 年 10 月 15 日,T 银行向 I 银行提交相关索赔资料,正式向 I 银行提出索赔,理由是 M 公司已向 T 银行提交了一系列证明,T 银行认为 M 公司的申请符合保函索赔要求,已赔付 M 公司。T 银行审核 I 银行提交的相关资料,认为对方的证据充足,于是按保函要求赔付了 T 银行。但 X 公司认为 M 公司的索赔要求不合理,拒绝赔付 I 银行。I 银行遂向当地法院起诉 X 公司,要求其支付保函金额,最终法院判定 I 银行胜诉。

分析

国际经济交易中的合同双方当事人往往处于不同的国家和地区,由于某些国家法律上的规定或出于对他国银行的不了解和不信任,有些国家的受益人往往只接受本地银行开立的保函。然而申请人直接去受益人所在地银行申请开立保函,往往不现实或不可能。申请人就不得不求助于其本国银行,要求本国银行委托其在受益人所在地的往来银行向受益人出具保函,并同时作出在受托行遭到索赔时立即予以偿付的承诺。转开保函使受益人的境外担保变为国内担保,产生争议和纠纷时受益人可在国内要求索赔。这样不仅可以使索赔迅速,而且还可利用本国法律来进行仲裁。在转开保函发生赔付时,受益人可以凭转开行开立的保函向其索偿;转开行赔付受益人之后,凭借反担保向反担保行索偿。转开保函能有效保障受益人的利益,银行为了避免卷入法律纠纷,一般会向保函申请人收取足够的反担保质押金。但是在本案例中,保函金额为 30 万美元,I 银行却仅收取了 20 万美金的抵押金,致其在向 X 公司索赔时处于被动地位。

启示

转开保函涉及的当事人比较复杂,包括申请人、受益人、反担保行和担保行(转开行),受益人和担保行往往关系比较密切。因此,当受益人提出开立转开保函时,申请人和反担保行必须仔细调查了解受益人和转开行的资信状况,以免其相互包庇提出无理索赔。在委托转开行开立保函时,必须小心谨慎,特别是对保函的有效期和索赔条件作出明确指示。在发生无力索赔时,应该据理力争,争取自己的合法权益。

该案对银行的教训是非常深刻的,银行保函业务是一项风险性很大的业务,银行在开具保函时,一定要仔细审查,并且预先要考虑到保函出具会带来的法律风险。此外,银行在出具保函时除了保函条款本身外,还要考虑银行在应申请人的委托向受益人出具保函后,受益人根据保函向银行提出索赔的可能性;银行对外赔付后,申请人或反担保人无力或不愿向银行补偿的可能性。

真正了解银行在保函业务项下的风险,寻求避免或减少风险的措施,对于银行保函业务的顺利发展,增加银行收益等方面具有重要的意义。银行可采取下列措施,来减少保函的风险。

1.对保函当事人资信情况进行审查。为了避免保函申请人、反担保人破产、无力或不愿偿债的情况发生,银行在出具保函前,应对申请人、反担保人的资信情况进行调查。为了防止受益人无端索赔,在可能的情况下,银行可对受益人的资信情况进行调查。另外,出具保函往往是为了某一项目投标或某一经济合同的履行作担保,因此,银行还应对项目或合同进行预测、判断和评估,根据评估结果决定是否出具保函。

2.开具保函协议书的内容与保函一致。银行在根据申请人的要求出具保函前,一般要与保函申请人签订《开具保函协议书》,在《开具保函协议书》中,约定受益人名称、保函金额、保函有效期、保证方式、担保人权利义务、申请人权利义务等,其中,受益人名称、保函金额、保函有效期、保证方式等的约定要与银行出具的保函中的内容一致。如保函最好有一个确定的日期,在保函有效期不确定的情况下,《开具保函协议书》中的有效期规定也应是不确定的。只有《开具保函协议书》的内容与保函的内容完全一致,银行才能向受益人赔付后,向申请人追索。

3.保函须落实反担保措施。本案例中申请人提供的保证金不足,导致反担保行很被动。为了防止申请人因破产、解散而无力还债,维护银行权益,银行往往要求申请人对保函提供反担保措施。一般情况下,申请人可提供保证金或其他反担保措施。在申请人提供100%保证金的条件下,银行的风险相对较小,但若申请人只提供了部分保证金,那么银行应要求其通过保证、抵押或质押的方式再追加担保。不管采取何种反担保措施,担保人都应同银行签订书面的反担保协议书,以明确双方的权利义务关系。

案例 9　利用备用信用证追回欠款案

当事人

备用信用证申请人：马来西亚 M 公司

备用信用证受益人：中国 X 公司

托收行、议付行：中国 R 银行

代收行、开证行：马来西亚 C 银行

案情

2015 年 6 月，我国 X 公司与马来西亚 M 公司签订了两份出口销售合同。合同总金额为 50 万美元，每份金额 25 万美元。付款方式为托收项下的见票后 60 天付款交单（D/P at 60 days after sight on collection basis）。2015 年 7 月 5 日 X 公司执行第一份合同发出货物并于次日将全套单据交托收行 R 银行收款。2015 年 7 月 14 日马来西亚 C 银行向 M 公司提示 X 公司开立的汇票，M 公司如约承兑。2015 年 8 月 10 日，第一批货物运至马来西亚槟城，但买方 M 公司却迟迟不去代收行 C 银行赎单。2015 年 8 月 13 日 X 公司收到 M 公司来电称其资金周转困难，要求以承兑交单方式结算。考虑到货物已发至进口国，短期内难以找到合适的买方，X 公司只好被动接受买方的要求改付款交单为承兑交单，付款期限不变，允许买方提前收货。谁知付款期已到，M 公司却迟迟不愿付款。2015 年 11 月正当 X 公司千方百计要追回这笔货款时，M 公司又提出要执行第二份金额为 25 万美元的合同。X 公司为了追回之前的货款，又能保住客户正常收汇，便提出将结汇方式改为即期信用证付款方式（Payment by letter of credit at sight），同时又提出对第一笔托收款的催收。而 M 公司则表示因资金不足，执行完第二个合同后一次付清。为此买卖双方僵持不下，后经谈判 M 公司接受了如下条件：X 公司同意向 M 公司执行第二份销售合同，向 M 公司提供 25 万美元的货物，同时 M 公司根据修改后的合同开立一份不可撤销跟单信用证，该信用证是即期议付信用证。信用证条款：We hereby agree with the drawer, endorsers and bona-fide holders of all drafts drawn under and in compliance with the terms of this credits that such drafts will be duly honored upon presentation to the drawees. And the payment will be the amount of USD 250 000.00 plus additional payment for the amount of USD 250 000.00 under beneficiary's S/C No：WYUST123 on the collection basis which was ensured by the applicant and agreed by the applicant and the beneficiary.

"我们谨此向汇票出票人、背书人以及所有善意持票人表示：当该信用证项下单证相符时，我们将对受票人的汇票提示予以支付。付款金额为 25 万美元，除此之外托收方式下另付25万美元,作为对受益人第 WYUST123 号售货确认书项下托收货款的支付。这是开证人保证的,也是开证人和受益人同意的。"

同时 M 公司应 X 公司要求,同意再开立一份备用信用证。若在信用证结算时,如果还未将之前的托收款项付清时,卖方可凭信用证项下结汇水单、违约证明及应收金额的汇票执行该备用信用证。但 M 公司在开立跟单信用证后却迟迟不愿开立备用信用证,也未支付第一笔托收款,而是不断发送传真和邮件催促 X 公司发货。

X 公司明确告知 M 公司,根据双方约定,M 公司需开立两个信用证,一是不可撤销跟单信用证,一是备用信用证。因此,只有 M 公司开立了备用信用证之后,X 公司才会执行不可撤销跟单信用证,否则将不予发货。

由于 M 公司急需这批货,而且 X 公司必须在对方开立不可撤销备用信用证后才会发货。买方在万般无奈之下,终于通过原开立跟单信用证的银行,开立了一份不可撤销备用信用证。该备用信用证的有效期迟于跟单信用证有效期后 1 个月。

X 公司在收到备用信用证并审核无误后立即发出了货物,并在发货 3 天时,按跟单信用证的要求缮制了一套单据交 R 银行议付,并附上了一套托收项下的 25 万美元的汇票,并要求 R 银行向 C 银行电索。两周后议付行 R 银行支付了该笔议付金额。但 M 公司并未将第一笔货款一并支付。X 公司立即发传真向 M 公司催收货款,但后者来电称:资金仍然困难,希望 X 公司宽限一个月,并表示愿意承担利息。考虑到一个月后备用信用证将失效,M 公司则可能将 25 万美元货款无限期地拖延下去。X 公司立即按备用信用证的要求,缮制了一套 25 万美元的即期汇票,附上跟单信用证项下的结汇水单(应为 50 万美元,实际只有 25 万美元)及一份违约证明书,一并交 R 银行向国外追索。两周后 C 银行支付了托收项下的 25 万美元。这笔业务终于在利用备用信用证的条件下,安全收回拖欠几个月的托收款项,实现了利用备用信用证与托收、跟单信用证的配合追回逾期货款的目的。

分析

最初 X 公司,卖方根本没有注意到利用备用信用证来保障自己的权益。所以,当买方以种种名义对付款一拖再拖时,竟束手无策,既不敢贸然要求退单,又无法迫使买方尽快付款,真是进退两难。

幸亏事情的发展发生了重要变化,买方 M 公司在急不可待的要货过程中,暴露了这批货物是政府招标项目中的货物,买方是无论如何也不敢不要这批货物的,而且时间上也来不及找其他出口人洽谈同质、同量、同价的货物。这就给了卖方追回货款的有利时机。

对于 X 公司提出以不可撤销的即期跟单信用证方式为结算方式,M 公司起初并不以为然。在谈判中,由于要货心切,就很痛快地同意了。他们甚至很"理解"卖方的苦衷;若不开证,卖方不能到银行打包贷款,就无法发货。因此,M 公司不但同意这种结算方法,而且为了少找麻烦,连信用证中的单证条款也按 X 公司的要求在合同中简明扼要地规定下来。当 X 公司提出同时结算两笔货款时,M 公司当即承诺:第二批货一发,就将全部货款 50 万美元一次付清。但 X 公司已对 M 公司的承诺失去信心。这时,在结算人员的配合下,X 公司提出:

在合同中再加上一个条款,除了 M 公司开立一个不可撤销的跟单信用证外,另外再开立一个不可撤销的备用信用证,以确保第一笔货款的回收。同时,在跟单信用证中还必须增加一条:在支付跟单信用证项下的货款时,同时以托收方式支付第一笔货的款项。可能 M 公司误认为:反正 25 万美元仍是证外托收,到时不付,X 公司又能奈他如何! 遂同意了此条款。

但是 M 公司万万没有想到,卖方收到跟单信用证后,拒不发货,坚持收到不可撤销的备用信用证才可发货,这时买方才意识到问题严重了。无可奈何之下,开立了不可撤销备用信用证。

尽管买方在执行跟单信用证的付款中,只支付了跟单信用证 25 万美元,但卖方立即执行备用信用证,向开证行提示了一套汇票、跟单信用证项下 25 万美元的银行结汇水单和违约申明书,通过双方银行从买方手中追回 25 万美元的货款。

启示

通过上述案例的分析,我们应该注意以下几点:

1.除了信用度极高的客户外,对外签订买卖合同时,尽量使用跟单信用证、预先电汇、预先银行票汇的结算方式;若使用托收、发货后电汇等方式结算时,最好配合使用备用信用证。

2.在合同及/或信用证中,有关备用信用证的条款一定要准确、规范;审核备用信用证时,一定不能有不易或不能执行的条款,即"不利条款"和"陷阱条款"。只有这样,我们才能保证出口项下及时、安全、足额地收汇,避免发生国外逾期账款。

案例 10　银行保函的独立性与从属性

当事人

保函申请人:中国 A 出口公司
保函受益人:印尼 B 公司
保函担保行:中国 G 银行,后被中国 M 银行兼并

案情

2015 年 3 月 25 日,印尼 B 公司与我国 A 公司达成了进出口贸易协议。协议约定,货款总金额为 3 741 500 美元,由印尼 B 公司向 A 公司支付合同总价的 10%的预付款 374 150 美元,A 公司向印尼 B 公司出口电子设备。

2015 年 6 月 4 日,根据 A 公司的申请,G 银行开具了 No.LG3301 号以印尼 B 公司为受益人的不可撤销保函,承诺"如果供货方(即 A 公司)已收到预付款但未能按照合同规定交付设备,那么,一俟收到贵方通过你方银行出具的说明供货方未能履行合同义务的首次书面

要求,我方在合理时间内即行退款给你方,退款金额不超过 374 150 美元"。同时约定:"如发生本保函项下的索赔,应使我行在 2015 年 11 月 25 日或该日期前收到索赔书。"此后,印尼 B 公司按照协议向 G 银行支付了预付款 374 150 美元,该款已由 G 银行交给 A 公司。2015 年 12 月 10 日,G 银行对保函进行了修改,注明:"如发生被保函项下的索赔,须使我行在 2016 年 4 月 25 日或该日期之前收到索赔书。以此代替原来的说明。在该日期之后,我行的责任将停止,本保函自动失效。"嗣后,印尼 B 公司与 A 公司双方约定的进出口交易未能实际履行。

2016 年 1 月 4 日,印尼 B 公司通过 IB 银行(在保函中约定的印尼 B 公司方银行)向 G 银行提出索赔。

2016 年 2 月 27 日,印尼 B 公司根据保函的规定正式向 G 银行提出了金额为 374 150 美元的全额索赔的书面要求,提出索赔的原因是 A 公司已收到 374 150 美元的预付款,但未能按照合同的规定交付电子设备。

2016 年 4 月 13 日,A 公司以与印尼 B 公司存在购销合同纠纷为由向当地法院 N 市法院申请财产保全,2016 年 4 月 14 日,N 市法院中止了 G 银行所开立的 No.LG3301 号预付款保函的履行。G 银行未能按保函规定的承诺向印尼 B 公司支付保函项下的金额。2017 年 3 月 18 日,M 银行兼并 G 银行,G 银行的债权债务由 M 银行承继。

2019 年 1 月 9 日,M 银行向印尼 B 公司支付了保函项下 20 万美元,在 M 银行的汇款申请书的汇款人附言中注明:"按照××律师事务所××先生 2018 年 9 月 19 日、2018 年 11 月 30 日和 2019 年 1 月 8 日传真指示偿付 LG3301 号保函款项。"扣除 M 银行于 2019 年 1 月 9 日已支付的 20 万美元,M 银行尚欠印尼 B 公司保函项下 174 150 美元没有支付。

2019 年 8 月 13 日,印尼 B 公司向 M 银行发出律师函,提出尽快解决保函余额174 150 美元的支付问题,但 M 银行一直未向印尼 B 公司支付该笔余额,故印尼 B 公司诉至法院。

印尼 B 公司诉讼请求为:(1)判决 M 银行向印尼 B 公司支付保函金额 174 150 美元,及自 2017 年 9 月 13 日到上述金额全部支付完毕之日的利息;(2)判令 M 银行承担本案全部诉讼费。

M 银行认为其不应承担保函项下的责任,理由如下:(1)M 银行认为本案中 M 银行方向印尼 B 公司出具的保函是从属性保函,不是独立的保函,基础合同与保函是不可分割的,基础合同的履行与否直接影响保函合同是否履行,关于本案的基础合同没有履行的原因在印尼 B 公司,所以,M 银行认为不应承担保证责任;(2)M 银行曾经在 2019 年 1 月 9 日支付给印尼 B 公司 20 万美元,这种支付并非是向印尼 B 公司履行保函责任,而是将冻结在账户项下的存款返还给印尼 B 公司;(3)M 银行认为按照《中华人民共和国担保法》的规定,保证合同没有约定保证期间的,担保人承担责任的期间为 6 个月,印尼 B 公司于 2016 年 2 月 27 日提出索赔后,没有向 M 银行主张权利,认为印尼 B 公司向 M 银行主张承担保证责任已经超过了保证期限,且已超过了诉讼时效。请求法院判决驳回印尼 B 公司的诉讼请求。

分析

N 市法院经审理认为,关于本案所涉 G 银行所开立的 No.LG3301 号预付款保函是独立性保函还是从属性保函的问题,法院认为,独立性保函是指一种独立于基础合同,仅以保函自身条款为付款责任确定依据的保函,而从属性保函是指将保函项下义务的履行取决于相应的基础商业合同。鉴于我国没有有关涉外独立性银行保函的具体法律规定,而且我国缔结或者参加的国际条约也没有相关规定,所以依据《中华人民共和国民法通则》的相关规定适用有关的国际惯例,即国际商会 1992 年正式公布的第 458 号出版物——《见索即付独立保证统一规则》(Uniform Rules for Demand Guarantees)对此进行判定,该规则第 2 条 a 项中对见索即付保函进行了界定:"所谓见索即付保函,不论其如何命名或描述,意指任何保证、担保或其他付款承诺,这些保证、担保或付款承诺是由银行、保险公司或其他组织或个人出具的,以书面形式表示在交来符合保函条款的索赔书或保函中规定的其他文件时,承担付款责任的承诺文件。"而本案所涉保函中 G 银行关于付款条件的表述是"如果供货方(即 A 公司)已收到预付款但未能按照合同规定交付设备,那么,一俟收到贵方通过你方银行出具的说明供货方未能履行合同义务的首次书面要求,我方(即 G 银行)在合理时间内即行退款给你方,退款金额不超过 374 150 美元"。从这一表述可以看出,该保函的索赔仅需要凭表面上符合保函规定的文件(这些文件一般限于受益人的索付声明,表明导致银行付款的事实条件发生与否,不需要银行加以证实)即付,对照该规则中的相关定义可以判定本案保函属于独立性保函中的见索即付保函。

关于本案保函中是否与基础合同有关的问题,依据该规则第 2 条 b 项中的规定:"保函与其可能依据的合约或投标条件分属不同的交易,即使在保函中提及此合约或投标条件,担保人也与该合约或投标条件完全无关。"因此,本案所涉保函虽然提及了 A 公司与本案印尼 B 公司之间的合同,但是依据该规则的相关规定可以判断出本案所涉保函与其基础合同无关。

现印尼 B 公司在保函规定的期限内通过其银行和自己的名义均向 G 银行提出了索赔请求,G 银行应在 N 市法院 2017 年 9 月 13 日准予 A 公司撤回起诉并法院保全裁定效力终止后承担返还预付款的保证责任,现 M 银行承接了 G 银行的债权债务,故 M 银行应及时向印尼 B 公司承担本案所涉保函项下的保证责任,将保函项下的余额 174 150 美元返还给印尼 B 公司,并从 2017 年 9 月 13 日起向印尼 B 公司支付相应利息。

关于 M 银行提出其曾经在 2019 年 1 月 9 日支付给印尼 B 公司 20 万美元,这种支付并非是向印尼 B 公司履行保函责任,而是将冻结在账户项下的存款返还给印尼 B 公司的主张,法院认为,M 银行在向印尼 B 公司支付 20 万美元的汇款申请书的汇款人附言中明确注明:"按照××律师事务所××先生 2018 年 9 月 19 日、2018 年 11 月 30 日和 2019 年 1 月 8 日传真指示偿付 LG3301 号保函款项。"通过 M 银行自身在汇款申请书中的表述即可看出 M 银行支付该笔款项是"偿付"保函项下的款项,即部分履行了本案所涉保函项下的保证责任,故 M 银行这一抗辩主张不能成立,不予支持。

关于 M 银行提出印尼 B 公司向 M 银行主张承担保证责任已经超过了保证期限并已过诉讼时效的主张,法院认为,本案所涉保函没有明确约定 G 银行承担保证责任的方式,因此该保证责任应为连带保证责任。2015 年 12 月 10 日,G 银行对保函进行了修改后,注明:"如发生被保函项下的索赔,须使我行在 2016 年 4 月 25 日或该日期之前收到索赔书。以此代替原来的说明。在该日期之后,我行的责任将停止,本保函自动失效。"从该条款可以看出,保函并非如 M 银行抗辩的所述没有对保证期间作出约定,相反是 G 银行明确将保证期间限定在 2016 年 4 月 25 日之前(含该日),而印尼 B 公司是 2016 年 1 月 4 日通过其委托银行向 G 银行提出索赔,2016 年 2 月 27 日再次以自己的名义正式向 G 银行提出索赔。两次索赔均是在保证期间内提出。2019 年 1 月 9 日 M 银行向印尼 B 公司支付了 20 万美元,诉讼时效重新开始计算,2019 年 8 月 13 日,印尼 B 公司代理律师向 M 银行发出要求 M 银行继续履行保函责任的律师函,虽然该律师函为复印件(原件按合理推断应已交给 M 银行公司),但在该证据上有快递公司已将该函于 2019 年 8 月 16 日妥投给 M 银行的说明及公章,足以证实该函件已由 M 银行收悉,本案诉讼时效于 2019 年 8 月 16 日再次发生中断,印尼 B 公司2019 年 8 月 13 日诉讼至本院,此间没有超过诉讼时效,故 M 银行这一主张不能成立,不予支持。综上所述,N 市法院依照《中华人民共和国民法通则》第 135 条、第 140 条、第 142 条、《中华人民共和国合同法》第 107 条、《中华人民共和国担保法》第 19 条、最高人民法院关于适用《中华人民共和国担保法》若干问题的解释第 34 条、第 35 条、国际商会 1992 年正式公布的第 458 号出版物——《见索即付独立保证统一规则》(Uniform Rules for Demand Guarantees)第 2 条之规定,作出如下判决:

1.M 银行于本判决生效后 10 日内向印尼 B 公司支付保函金额 174 150 美元;

2.M 银行于本判决生效后 10 日内按中国人民银行同期贷款利率向印尼 B 公司支付保函金额 174 150 美元的利息,自 2017 年 9 月 13 日起计算至本判决生效之日止。

3.上述款项如逾期给付,则按《中华人民共和国民事诉讼法》第 232 条规定执行。

4.驳回印尼 B 公司其他诉讼请求。

案件受理费 20 062.82 元人民币,翻译费用 50 元人民币,均由 M 银行××××银行股份有限公司××分行承担。

本案的关键在于认定 B 公司与 M 银行双方主要争议的所涉保函是独立性保函还是从属性保函。

尽管目前大多数国家已经承认独立保函的法律地位,但是除了前捷克斯洛伐克、前民主德国、前南斯拉夫、巴林、科威特、伊拉克以及也门等少数几个国家的立法对独立保函作了明确规范之外,绝大多数国家对此并没有明确的立法规定。我国有关担保法的研究中对从属性保函法律制度的研究已经达到了一定的水平,而对独立保函法律制度的研究却显得相当薄弱,尤其是对独立保函机制下各当事人之间的权利义务缺乏系统的研究。我国没有有关涉外独立性银行保函的具体法律规定,而且我国缔结或者参加的国际条约也没有相关规定。

在审理该案过程中主审法官查阅了《银行保函与备用信用证法律实务》《商业银行法律实务》《银行国际业务与法律风险控制》等书籍,通过对独立保函领域广为流行的国际惯例的研究,发现从属保函与独立保函两者的根本区别在于保证人的权利截然不同:在从属保函中,保证人不但对债权人享有专属的抗辩权,而且还享有凡是债务人能够享有的任何抗辩权;而独立保函中的保证人享有的权利非常有限,只要独立保证的受益人(即债权人)提出的索款要求及提交的相应单据与保函中规定的付款条件在形式上相符,保证人就必须支付独立保函项下的保证金,保证人不能享有属于债务人的任何抗辩权,他对受益人唯一的抗辩权就是"欺诈例外抗辩",即保证人有证据证明受益人的索款是欺诈性的,他才有权拒绝向受益人付款。而本案所涉保函符合独立保函的特征,因此法院依据《中华人民共和国民法通则》的相关规定适用有关的国际惯例,即国际商会 1992 年正式公布的第 458 号出版物——《见索即付独立保证统一规则》(Uniform Rules for Demand Guarantees)对此进行判定,大胆创新,填补了法律规定的空白,体现了中国法官的审判能力和艺术。判决后双方当事人均息诉服判,保护了印尼 B 公司马来西亚外商的合法权益,这起复杂的涉外保函纠纷案件的顺利解决体现了法律效果和社会效果的完美统一。

案例 11　信用证下融资纠纷

当事人

信用证申请人:马来西亚 A 公司
信用证受益人:中国 B 公司
议付行:中国 N 银行
开证行:马来西亚 I 银行

案情

中国 B 公司与马来西亚 A 公司签订了一份 589 230 美元的售货合同,B 公司为出口商。马来西亚 A 公司根据合同向当地 I 银行申请开立不可撤销跟单信用证,受益人为 B 公司,信用证可自由议付,中国任一银行均可担当议付银行。汇票类别为即期,出票人和收款人均为中国 B 公司,后背书转让给中国 N 银行,受票人为 I 银行。5 月 29 日,B 公司就上述信用证向 N 银行申请打包贷款,该行同意后于次日向 B 公司发放贷款 30 万美元。贷款期间,根据开证人申请,I 银行曾先后 3 次向 N 银行发出 3 份通知,对该信用证部分条款进行了修改,其中第 3 次内容为"收到申请人指示后,应将装运日程和船舶名称以修改方式通知受益人,上述修正副本应随单据一并发出"。8 月 30 日,N 银行收到 1 份以 A 公司名义发来的通知(该电传下称"第 4 份通知"),告知 B 公司船名和货物装运日期。N 银行将该电传转交给 B 公司。上述船名和装运日期与船公司接受 B 公司托运货物后签发的提单中所载内容相同。同年 9 月 3 日,B 公司向 N 银行提供了包括第 4 份通知在内的信用证项下的出口单据要求议付。N 银行于同年 9 月 5 日向 B 公司发出议付通知,告知该公司在信用证项下的金额中,扣除手续费、邮费、短款费、修改通知费、提前付款利息及所欠打包贷款本金、利息后,尚余净额 15 420.8 美元,并于次日将该议付款划入 B 公司账户内。之后,N 行将信用证单据寄往 I 银行要求偿付,I 银行于同年 9 月 18 日、10 月 11 日致函 N 银行,称单据与信用证第 3 次修改的指示不符,并称其从未发过第 4 份船名和船期的修改通知,开证人 B 公司也未发过这份电传,单证存在不符点,拒绝偿付该信用证款项,并将所有单据退回 N 银行。于是,N 银行于同年 10 月 25 日致函 B 公司告知其单据已遭拒付,并要求其归还议付的信用证款项。因 B 公司未归还议付款,N 银行就先后 3 次从 B 公司账户内扣划 59 650 美元用于归还上述议付款,尚欠 678 800 美元,后因催讨未果,向法院诉讼要求 B 公司清偿所欠议付款本金及利息。而 B 公司则辩称 N 银行在信用证议付时,扣除手续费及打包贷款本息后,原信用证项下的款项已经结清;单证不符是由 N 银行造成的,其应承担遭 I 银行拒付的责任。

分析

要正确处理此类信用证纠纷案件,应首先正确把握涉案的打包贷款、议付信用证、出口押汇等法律概念及其法律责任的认定,以防止混淆法律概念而导致错误地选择适用法律。

打包贷款(Packing Loan)是指出口地银行为支持出口商按期履行合同义务、出运货物而向出口商提供的以正本信用证为抵押的贷款。因为最初这种贷款是专门提供费用给受益人包装货物的,所以称作打包贷款,它是银行对出口商提供的一种短期融资,主要用于对生产或收购商品开支及其他从属费用的资金融通,融资比例通常不超过信用证金额的 80%,银行根据资金情况和客户情况而定,期限从信用证抵押之日到出口商提供货运单据并向 I 银行寄单收回贷款之日。提供贷款的银行承担议付义务,收回信用证项下贷款后,将贷款收回。

议付信用证(Negotiation L/C)的含义是指开证行允许受益人将其汇票和单据寄往指定的银行或未指定特定银行的情况下,寄往付款行以外的任何其他银行请示议付,而不必直接向付款银行提示请求付款的信用证。

出口押汇(Bill Purchase)系指出口商将信用证和全套出口单据提交银行,由银行买入单据并按票面金额扣除从押汇日到预计收汇日的利息及有关手续费用,将净额预先付给出口商的一种融资结算方式。

本案中 N 银行与 B 公司是议付行与受益人的关系,然涉讼信用证议付之前,双方还发生了打包贷款业务,审判实践中往往易将打包贷款法律关系与信用证法律关系相混淆。从上述概念可见,打包贷款与信用证相关,但不等同于信用证法律关系,而是银行与出口商之间的借款关系。本案的打包贷款本息及相应的手续费,N 银行已在 1996 年 9 月 5 日以出口押汇的方式议付信用证时,从议付款项中直接扣除,因此该银行与 B 公司之间的打包贷款法律关系因履行而终止。当马来西亚 I 银行以单证不符为由拒付信用证项下款项时,N 银行要求 B 公司偿还已议付的款项,行使的是信用证法律关系中,议付行对受益人的追索权。故本案应是信用证纠纷,不是打包贷款纠纷。

信用证议付行在信用证法律关系中的权利和义务对于分析本案尤其重要,本案中通知行和议付行均是 N 银行,原审判决已查明本案所涉信用证有不符点,并被 I 银行拒付。本案中 N 银行与 B 公司事先并未约定无追索权,鉴于此,N 银行作为议付行可以向受益人行使追索权,要求返还议付的款项。但同时,根据《跟单信用证统一惯例 UCP600》第 9 条 b 款规定及解释,通过通知信用证或修改,通知行即表明其认为信用证或修改的表面真实性得到满足,且通知准确地反映了所收到的信用证或修改的条款及条件。即应核对信用证的签署或密押,以确定该信用证的真实性。如信用证上的签署或密押不符或无法核对,通知行应先与 I 银行交涉,得到证实后再正式通知受益人。而 N 银行作为信用证的通知行和议付行,在信用证的通知审核过程中,将一份以开证申请人名义发出的装运日期通知未经 I 银行加押确认,即通知 B 公司以该日期装运。未履行合理谨慎地审核义务即通知受益人 B 公司,具有通知不当的过错,造成信用证被拒付的损失,对此 N 银行应承担相应的过错责任。

附录 本章名词解释

出口押汇:是指出口商将代表货权的单据以及其他单据抵押给银行,从而得到银行的除押汇利息及费用后的所有追索权的垫款。

信托收据:申请人(进口商)出立收据承认收到了质押权属于开证行的单据,同意以受托人身份提取、储藏和出售有关货物,并保证出售货物所得价款全部无条件地交与开证行。这是信用证项下申请人从开证行获得资金融通(先提货后付款)的一种方式。

银行保函:又称银行保证书,是指银行根据申请人的请求向受益人开立的,担保在申请人未能按双方协议履行其责任或义务时,担保人代其履行一定金额、一定期限范围内的某种支付责任或经济赔偿责任。

独立性保函:是指担保人承担第一性的偿付责任的保函,即担保人的偿付责任独立于申请人在交易合同项下的义务。

从属性保函:是指担保人的偿付责任从属于或依附于申请人在交易合同项下义务的保函。

直开保函:是指担保应合同一方当事人的申请,径向合同的另一方开立以其为受益人的保函,并凭此直接向该受益人承担担保责任。

转开保函:是指申请人所在地的银行应其客户的请求,根据合同的有关规定以及受益人所在国的惯常做法和法律要求,以提供反担保的方式来委托另一家银行(即担保行)出具保函,由后者向受益人承担担保责任的保函。

投标保函:是指在国际招标中,担保行应投标人的请求向招标人出具的保函,保证投标人在开标前不撤标、不改标,并且在中标后按照招标文件的规定及投标人在报价中的承诺,在一定时间内与招标人签订合同并提交履约保函。

履约保函:是指担保行应供货方或劳务承包方的请求而向卖方或业主开立的一种保证文件,保证申请人忠实地履行商品或劳务合同,按时、按质、按量地交运货物或完成所承包的工程。

维修保函:是指担保行应工程承包人的请求出具给业主,以担保工程质量符合合同规定的保函。

提货保函：是指进口商向银行申请开立的，以船公司为受益人，要求船公司允许进口商不凭正本提单提货的保函。

借款保函：是指由借款人委托银行向贷款人出具的用以保证借款人按约还本付息的一种保函。

国际保理：指保理商与出口商之间的一种协议安排。据此协议，保理商通过收购应收账款向出口商提供包括进口商资信调查、100%的坏账担保、应收账款的代收或管理以及贸易融资的一揽子综合性金融服务项目。

公开保理：是指当出口商将应收账款出售给保理商后，由保理商出面向进口商收款，同时出口商以书面形式将保理商的参与情况通知进口商，要求进口商将货款付给保理商。

隐蔽保理：是指出口商因为不愿让进口商了解其因缺乏流动资金而需要转让应收账款等原因，在把应收账款出售给保理商以后，仍然由自己向进口商收款，然后再转交给保理商，而不将使用保理业务的事实告知进口商。

福费廷：也称为包买票据，是一项与出口贸易密切相关的新型贸易融资担保结算方式。简单地讲，是福费廷商也即包买商无追索权地买断由于商品或劳务出口而产生的未到期应收账款的业务行为。具体表现为福费廷商无追索权地贴现代表应收账款的远期汇票或本票，从而使出口商提前兑现销售收入。

第5章 判决书

AB 省 ZZ 市中级人民法院
民事判决书

原告:中国 AB 省 XYZ 国际贸易有限公司,住所地中国 AB 省 JY 市 XYZ 村

被告:FS 银行,住所地 SK 国 FS 区

原告中国 AB 省 XYZ 国际贸易有限公司(以下简称 XYZ 公司)与被告 FS 银行信用证议付纠纷一案,法院于 2019 年 2 月 10 日受理后,依法组成合议庭,于同年 5 月 13 日举行证据交换,并于同日公开开庭进行了审理。原告 XYZ 公司委托代理人张燕、刘霞,被告 FS 银行委托代理人张明、李敏到庭参加了诉讼。本案经合议庭评议,现已审理终结。

原告 XYZ 公司诉称:2018 年 3 月 14 日,其作为卖方与买方 SK 国 HANLI STEEL CORPORATION 签订了编号为 HX086033 买卖合同,约定卖方以 843 美元/公吨 CFRFS 的价格向买方出售 2 500 公吨的线材,2018 年 6 月底至 7 月初装运。2018 年 4 月 21 日,被告作为开证行开出以 HANLI STEEL CORPORATION 为申请人、原告为受益人、编号为 M3237804NU03135 的不可撤销跟单信用证,金额为 2 107 500 美元,议付银行为公开议付。信用证第 46a 项要求提单为清洁海运提单。后 HANIL STEEL CORPORATION 申请对该信用证进行过两次修改:货物价格由每公吨 843 美元增加至每公吨 858 美元,信用证金额增至 2 145 000 美元。信用证有效期被延长至 2018 年 9 月 30 日,同时最迟装运期被延长至 2018 年 9 月 15 日。原告于 2018 年 8 月 22 日将 2 494.38 公吨线材交由 M/V TKB TAKANO 运输,并在此后取得了全套提单。2018 年 9 月 2 日,原告向被告交付了信用证要求的全套单据,即商业发票、装箱单、全套提单和质量证明书。2018 年 9 月 8 日,被告发出不符点通知书,在确认收到原告提交单据的同时,称原告提交的 ZY01B 号提单为租船合同提单,不符合信用证要求,构成不符点。被告在原告交单后 15 天内,未向原告承付信用证项下款项,原告遂于 2018 年 9 月 17 日向被告发出电讯,催促其付款。2018 年 9 月 22 日,被告在原告交单 20 天之后,以提单具有不符点为由向原告表示拒绝承付。原告认为其提交的海运提单不是租船合同提单,且即使该提单被视为同租船合同相关联的提单,甚至租船合同提单,也不构成不符点。而且被告逾期发出拒付通知书,丧失了拒付的权利,有义务承付信用证,向原告承兑付款。据此,原告提起诉讼,请求法院判令被告:1.向原告支付 M3237804NU03135 号信用证

项下的款项 2 140 178.04 美元(按人民币对美元的汇率中间价 100 美元对 690.85 元人民币计算,计人民币 14 785 420 元);2.向原告赔偿上述款项自 2018 年 9 月 10 日至实际支付日止的利息损失(按同期银行贷款利率计算,暂计至 2018 年 12 月 30 日的利息为人民币332 921.40 元);3.承担本案诉讼费用及律师费。

被告 FS 银行辩称:原告提交的提单为《跟单信用证统一惯例(2007 年修订本)》(国际商会第 600 号出版物),以下简称《UCP600》第 22 条规定的租船合同提单,完全与本案信用证所要求的提单不符,足以构成作为开证行的被告的不符点。另外,对原告所提单据存在的不符点,被告已根据《UCP600》第 16 条 d 款的规定,在合理期限内向提示人发出了拒付通知,有权拒绝兑付信用证项下款项。

原告 XYZ 公司为支持其诉讼请求,向法院提交如下证据:1.信用证及中文译本,用以证明 XYZ 公司是涉案信用证项下的受益人,有权获得相关款项;2.对信用证的两次修改及其中文翻译,用以证明涉案信用证在价格及总价、有效期及装运期等事项上进行了修改;3.商业发票及其中文翻译;4.装箱单及其中文翻译;5.提单及其中文翻译,6.质量证明书,举证证据3—6,用以证明原告已向开证行提交了信用证项下要求的全部单据;7.被告 2018 年 9 月 22日发给原告的电文一份,用以证明被告 9 月 22 日发出拒付通知;8.《UCP600 评论》(国际商会第 680 号出版物),用以证明提单上加注"与租船合同一起使用"并不表明该提单受租船合同约束,且银行在拒付通知中列不符点清单必须是完整的,认定不符点的原因必须是具体的;9.波罗的海国际航运公会网站上发布的关于修改租船提单 1994 版的新闻稿,用以证明波罗的海国际船运公会认为租船提单是《UCP600》第 20 条项下的海运提单;10.陈国武教授主编的《跟单信用证统一惯例(2007 年修订本)》(国际商会第 600 号出版物)相关内容,用以证明银行不应当拒收租船合约提单,也不审核租船合约的内容;11.《国际商会银行委员会2005-2008 意见汇编》,用以证明未明确单据不一致或未给出不一致所涉及的其他单据名称的不符点描述不是一种可为拒付通知接受的格式;12.李金泽主编的《UCP600 适用与信用证法律风险防控》相关内容,用以证明银行必须在拒付通知中明确表明拒绝承付或议付,且电文虽然在表面上符合要求,但是列出的不符点不可识别或查找,仍是不合格的拒付通知;13.商务部五金化工频道上公布的 2018 年 9 月 2 日我国高线市场价格,用以证明 2018 年 9月 2 日高线的全国均价为人民币 5 100 元。

被告 FS 银行为支持其抗辩意见,向法院提交如下证据:1.FS 银行 2018 年 9 月 4 日收到信用证单据的凭证,用以证明 FS 银行收到单据的时间是 2018 年 9 月 4 日;2.FS 银行 2018年 9 月 8 日发给 JY 农村商业银行的电文,用以证明 FS 银行已按照《UCP600》的要求在收到单据的 5 个工作日以内发出了拒付通知。

经庭审质证,被告对原告举证证据 1—8 的真实性、合法性、关联性均无异议,但对证据 5的证明目的有异议,认为该提单不是符合信用证要求的提单,对证据 7 的证明目的亦有异议,认为该通知是为回应中国的议付行 9 月 17 日发出的催款通知,其本身并非拒付通知,对证据 8 的中文翻译的权威性不认可,且认为虽然能够证明原告的证明事项,但最终不能证明FS 银行拒付行为的违法性,对证据 9—13 的真实性、合法性均无异议,但对关联性均有异议。原告对被告所举两份证据的真实性、合法性、关联性均无异议，但对证明目的均有异议。

法院认证：原告举证证据1—8，具备真实性、合法性、关联性，法院予以确认；证据9，11，与本案金康提单1994版及《UCP600》不具关联，不予采信；证据10，12，系学者个人著作，不符合证据形式，不能作为证据使用，仅能作为判决参考的依据；证据13，与本案不具关联性，不予采信。被告举证证据1，2具备真实性、合法性、关联性，法院予以确认。经审理查明：XYZ公司于1994年6月30日登记成立，经营范围是金属材料、化工原料及产品、针织品、纺织品等的销售；自营和代理各类商品及技术的进出口业务，国家限定企业经营或禁止进出口商品和技术除外。FS银行于1967年10月12日开业，事业种类为金融/房地产/服务，种目为银行/赁贷/商品代理。

2018年4月21日，FS银行作为开证行开具了一份申请人为HANIL STEEL CORPORATION、受益人为XYZ公司的不可撤销信用证，编号为M3237804NU03135，议付方式为任意银行公开议付，汇票付款限期为见票后150天，最迟装运日期为2018年6月30日，到期日为2018年7月21日。该信用证对货物的描述包括：CFRFS；原产地中国；优质低合金钢丝棒，SAE 10B08；尺寸6.5毫米；数量2 500公吨；单价843/公吨；总额2 107 500美元。该信用证要求的文件包括：经签字的商业发票，一式三份；装箱单，一式三份；全套清洁装船海运提单（FULL SET OF CLEAN ON BOARD OCEAN BILLS OF LADING），FS银行为提货人，注明"运费已预付"和"通知申请人"；生产厂开具的质量证明书。2018年5月21日该信用证的单价修改为858美元/公吨，总金额修改为2 145 000美元，2018年8月18日，该信用证分别将到期日及最迟装运日期修改为2018年9月30日和2018年9月15日。

2018年8月26日，XYZ公司开具的商业发票、装箱单载明：货物为6.5毫米优质低合金钢丝棒，单价858美元/吨，毛重、净重为2 494.38公吨，总额2 140 178.04美元，包装数量1 230包。

2018年8月30日，中国JY外轮代理有限公司作为承运人签发了"托运人：XYZ公司，收货人：按FS银行通知，通知地址：HANIL STEEL CORPORATION，SK国FS四象区鹤章洞718号之6，船名：M/V TKB TAKANO，装运港：中国JY港，卸货港：SK国FS港，编号：ZY01B"的提单。提单上托运人对货物的描述为："优质低合金钢丝棒，信用证号：M3237804NU03135，信用证日期：2018年4月21日，毛重、净重2 494.38公吨，1 230包，运费已预付"。提单第2页左上角载明："代码名称：康金提单，版本1994"，右上角载明："BILL OF LADING，TO BE USED WITH CHARTER-PARTIES"（提单，与租船合同一起使用），左下方载明："Freight payable as per CHARTER-PARTY dated 22 AUGUST, 2018"（运费按租船合同，日期2018年8月22日），中国JY外轮代理有限公司在此处盖章。

2018年8月25日，JY市XYZ高速线材厂出具的《合金热轧盘条质量证明书》载明：订货单位XYZ公司，牌号SAE10B08，信用证编号M3237804NU03135，弯曲试验合格等。

2018年9月2日，JY农村商业银行向FS银行出具的跟单汇票（DOCUMENTARY REMITTANCE）载明："我方在此向您请求偿付如下信用证下款项，日期20180902，请一直引用我方的索引号（REF NO.）：BPJY081269，致FS银行，受益人XYZ公司，期限见票后150

天，汇票数额 USD2140178.04，减少 USD60.00，数额 USD2140118.04，开票信用证号码 M3237804NU03135。我方今天已向偿付行布鲁塞尔的比利时 ING NV/SA 银行（原布鲁塞尔 LAMBET SA 银行）请求偿付，要求其按引有我方上述 BP 号的电文通知的到期或即期，经清算所同业支付系统向纽约花旗银行（CITIUS33XXX）支付或汇款 USD2 140 119.04（减去不符点费 USD60.00），记入我方账号为 36204996 的贷方账户。我方已在信用证正本上背书金额。如果单据被拒绝接收，请通过电传通知我方并注明理由。遵守《跟单信用证统一惯例（2007 年修订本）》（国际商会第 600 号出版物）。"FS 银行在 2018 年 9 月 4 日加盖了进口件外汇业务部的接收章。2018 年 9 月 8 日 FS 银行出具的电文载有："收信人 JY 农村商业银行，日期 2018-09-08，MT799 自由格式电文，交易参考号 M3237804NU03135，相关参考 BPJY081269，回复：贵方以参考号（REF NO.）为 BPJY081269 文请求我方开立的 M3237804NU03135 号信用证下 2 140 178.04 美元，根据 UCP600 第 16 条，我方通知如下不符点：1.提交了租船合约提单（CHARTER PARTY B/L PRESENTED），我方正就不符点征求申请人的意见。我方持有单据，一切风险由贵方承担。如果您已从偿付行获得偿付，请退款。"2018 年 9 月 22 日，FS 银行向 JY 农村商业银行出具的电文中明确其拒绝付款（WE REFUSED TO PAY/ACCEPT THE DOCS DUE TO THE FOLLOWING DISCREPANCY/IES...）。

另查明：国际商会国际商业组织出版的《UCP600 评论——UCP600 起草小组逐条评论》（Commentary on UCP600——Article-by-Article Analysis by the UCP600 Drafting Group）第 93 页载有："Sub-article(a)(vi) stipulates that the bill of lading must not contain an indication that is subject to a charter party. The term 'no indication' means that a bill of lading that bears any indication that is subject to a charter party would not be acceptable under this article. As examples of "no indication", the bill of lading may state "to be used with charter parties" or it could contain the following data: "freight payable as per charter party" or "charter party contract number ABC123."（《UCP600 评论——UCP600 起草小组逐条评论》第 93 页载有：3 条款规定：海运提单不允许包含任何接受租船合约约束的陈述。专业术语"no-indication"意指任何标明接受租船合约约束的海运提单在此条款下均不被接受。举例说明"no indication"的含义，含有以下陈述的提单均不被接受，如："适用于租船合约"，"运费可以租船合约的方式支付"；"租船合约 ABC123"。)

本案争议焦点：1.涉案提单是否为租船合同提单；2.XYZ 公司提供的涉案提单是否构成信用证不符点；3.FS 银行是否提交了有效的拒付通知。

法院认为：本案系受益人 XYZ 公司与开证行 FS 银行之间的信用证项下款项议付纠纷，因双方当事人约定涉案信用证适用《UCP600》，故本案应当以该国际惯例为依据调整当事人之间的权利义务关系。关于信用证项下款项未支付产生的法律责任，因该惯例没有规定，应当适用中华人民共和国法律。

关于第一个争议焦点，法院认为，涉案提单为租船合同提单。

理由是：根据《UCP600》第 22 条 a 款的规定，租船合同提单是表明其受租船合同约束（subject to a charter party）的提单。而《UCP600》第 20 条、21 条关于"提单""不可转让的海运单"的构成要件中规定必须"未表明受租船合同约束"。也即判断一份提单是否是租船合同提单的主要依据在于其是否表明受租船合同约束。XYZ 公司提交的涉案提单右上角载明："TO BE USED WITH CHARTER-PARTIES（与租船合同一起使用）"，左下方载明："Freight payable as per CHARTER-PARTY（运费按租船合同）dated 22 AUGUST，2018"，虽然提单上并未直接出现"subject to a charter party（受租船合同约束）"表述，但是"与租船合同一起使用""运费按租船合同"等表述已足以表明该提单是根据租船合同签发，受租船合同约束，也即符合《UCP600》第 22 条 a 款关于租船合同提单的描述。另外，"Commentary on UCP600 —— Article-by-Article Analysis by the UCP600 Drafting Group"（《UCP600 评论——UCP600 起草小组逐条评论》中国国际商会/国际商会中国国家委员会翻译）第 93 页关于第 20 条 a 款（vi）款"提单不得表明受租船合同约束"的评注中，对"未表明"进行了解释，是指如果一份提单出现任何表明受租船合同约束的措辞，都将根据本款而不被接受。例如，提单注明"与租船合同一起使用"，或包括下列内容"运费按租船合同支付"或"租船合同号码 ABC123"）。因此，涉案提单上已批注有相应表述与措辞，足以表明该提单受租船合同约束，而应当被认定为租船合同提单。XYZ 公司认为提单必须载明"受租船合同约束"字样，否则均不符合《UCP600》第 22 条规定，是对《UCP600》该条款的僵化理解，且其引用的"Commentary on UCP600 —— Article-by-Article Analysis by the UCP600 Drafting Group"一书第 93 页的评注，恰恰推翻了其自身观点，故法院不予采纳。XYZ 公司还主张涉案提单是金康提单（CONGEN BILL），而金康提单并非租船合同提单的观点，因缺乏法律依据，法院亦不予采纳。

关于第二个争议焦点，法院认为，XYZ 公司提供了租船合同提单，构成信用证不符点。理由是：根据《UCP600》第 14 条 a 款的规定，按指定行事的指定银行、保兑行（如果有的话）及开证行须审核交单，并仅基于单据本身确定其是否在表面上构成相符交单。因此 FS 银行有权就 XYZ 公司提供的全套单据是否与信用证要求的单据表面相符进行审查。涉案信用证要求提供全套清洁装船海运提单，而 XYZ 公司提供的涉案提单如前所述为租船合同提单，而租船合同提单只有信用证明确要求或允许提交的情况下才能提交，如信用证未有明确要求或允许提交，则提交租船合同提单即构成不符点。虽然《UCP600》第 22 条删去了《UCP500》中关于"如果信用证要求提交或允许提交租船合同提单，除非信用证另有相反规定，否则银行将接受下述单据"，但此处修改仅是被认为此段表述并无必要，规则只应规定与单据相关的要求，而不应提及如信用证要求某单据银行将接受什么单据，因此删去此处表述并不表示《UCP600》已放宽了对银行接受租船合同提单的限制，XYZ 公司从《UCP600》的修改而推断出租船合同提单在信用证未明确作出排除的情况下亦可提交的观点，法院不予采纳。另外，FS 银行系以 XYZ 公司提交的是租船合同提单，非信用证要求的海运提单为由，而非以提单背面承运条款和条件的内容及租船合同的内容与信用证要求不符等主张不符点，故 XYZ 公司认为根据《UCP600》的规定，银行将不审核提单背面的承运条款和条件，亦无须审查租船合同，FS 银行无权提交不符点的观点，法院亦不予采纳。

关于第三个争议焦点，法院认为，FS 银行未能提交有效的拒付通知。

理由是：根据《UCP600》第 16 条 c 款的规定，当按照指定行事的指定银行、保兑行（如有的话)或开证行决定拒绝承付或议付时,必须给予交单人一份单独的拒付通知。该通知必须声明:i.银行拒绝承付或议付;及 ii.银行拒绝承付或者议付所依据的每一个不符点;及 iii.a)银行留存单据听候交单人的进一步指示……该条 d 款规定,c 款要求的通知必须以电讯的方式,如不可能,则以其他快捷方式,在不迟于交单之翌日起第五个银行工作日结束前发出。本案中,FS 银行 2018 年 9 月 8 日出具的电文载明:"根据《UCP600》第 16 条,我方通知如下不符点:1.提交了租船合约提单(CHARTER PARTY B/L PRESENTED),我方正就不符点征求申请人的意见。我方持有单据,一切风险由贵方承担。如果您已从偿付行获得偿付,请退款。"该电文通知虽然在不迟于交单翌日起第五个银行工作日的时限内,但该通知并不符合《UCP600》的上述规定。首先,没有直接声明拒绝议付。在 FS 银行提交的该电文中未有任何提及拒付的措辞,FS 银行仅凭"如果您已从偿付行获得偿付,请退款"的文意来推断并得出其拒付的意思表示,显然与《UCP600》的上述规定本意不符,法院不予采纳。另外,其在电文中陈述"我方正就不符点征求申请人的意见",也即表明其并未有直接拒绝的意思表示,而是待征求申请人的意见后再作决定;其次,没有具体列明银行拒付所依据的不符点。根据《UCP600》第 14 条 g 款的规定,"提交的非信用证要求的单据将被不予理会,并可被退还给交单人",涉案租船合同提单如前所述不同于海运提单,也即非信用证要求的单据,银行可以不予理会,并将之退还给交单行。因此银行必须对于信用证要求的某一或某些单据不符进行声明而不能仅声明提交了某单据。涉案信用证要求提交的是全套清洁装船海运提单,如果 FS 银行认为 XYZ 公司提交了租船合同提单,而没有提交全套清洁装船海运提单,其应当在不符点声明中表述为"没有提交全套清洁装船海运提单"或"租船合同提单与全套清洁装船海运提单不符",而不能仅声明"提交了租船合同提单",故该不符点声明不具体、不完整,不符合《UCP600》第 16 条 c 款 ii 项的规定。综上,法院认为,FS 银行出具的上述电文通知并非符合《UCP600》第 16 条 c 款规定的拒付通知,FS 银行认为其在电文开始即表明"根据《UCP600》第 16 条,我方通知……",且在文末表明要求退款,该通知即合格拒付通知的观点,仅是一种推断,缺乏法律依据,法院不予采纳。

综上,法院认为,XYZ 公司提交的提单系租船合同提单,与涉案信用证要求的海运提单不符,但由于 FS 银行在审单时未能按照《UCP600》第 16 条 c 款的规定,发出合格的拒付通知。故依照《UCP600》第 16 条 f 款的规定,"如果开证行或保兑行未能按照本条行事,则无权宣称交单不符",FS 银行在本案中无权宣称交单不符,在 XYZ 公司已履行其合同义务的情况下,其必须按照信用证要求履行其付款义务。FS 银行因违反《UCP600》的规定,应当承担拒绝付款的法律责任以及因未付款给 XYZ 公司造成的损失。XYZ 公司请求 FS 银行支付其信用证项下款项 2 140 178.04 美元及利息损失,符合法律规定,法院予以支持。由于 XYZ 公司并未举证证明其律师费的金额,故法院对于其此项诉讼请求不予支持。据此,依照《中华人民共和国民法通则》第 111 条、《最高人民法院关于审理信用证纠纷案件若干问题的规定》第 2 条、第 6 条、《跟单信用证统一惯例——2007 年修订本,国际商会第 600 号出版物》第 14 条、第 16 条、第 20 条、第 21 条、第 22 条、《中华人民共和国民事诉讼法》第 128 条的规定,判决如下:

一、被告 FS 银行自本判决生效之日起 10 日内支付原告 XYZ 公司"M3237804NU03135"号信用证项下的款项 2 140 178.04 美元（按本判决作出之日中国人民银行公布的人民币对美元的汇率折算成人民币）；

二、被告 FS 银行自本判决生效之日起 10 日内赔偿原告 XYZ 公司上述款项的利息损失（按中国人民银行同期贷款利率计算，从 2018 年 9 月 10 日至应付款日止）；

三、驳回原告 XYZ 公司的其他诉讼请求。

如果未按本判决指定的期间履行给付金钱义务，应当依照《中华人民共和国民事诉讼法》第 229 条的规定，加倍支付迟延履行期间的债务利息。

本案案件受理费人民币 111 601 元，由被告 FS 银行负担（该款已由 XYZ 公司预交，FS 银行应于本判决生效之日直接支付给 XYZ 公司）。

参考文献

[1] 许南.国际结算案例与分析[M].北京:中国人民大学出版社,2015.

[2] 蒋琴儿.国际结算:理论·实务·案例(双语教材)[M].2版.北京:清华大学出版社,2012.

[3] 徐进亮,李俊.国际结算:实务与案例[M].北京:机械工业出版社,2011.

[4] 刘阳.国际结算实务案例精析(2016)[M].上海:上海远东出版社,2016.

[5] 赵明霄.国际结算习题与案例[M].北京:中国金融出版社,2010.

[6] 林泽拯,林毅.国际贸易结算单证案例与分析[M].北京:中国对外经济贸易出版社,1998.

[7] 跟单信用证统一惯例(Uniform Customs and Practice for Doucumentory Credits).国际商会,2017.